초보 아빠엄마를 위한
똑똑한 재테크

초보 아빠엄마를 위한
똑똑한 재테크

초판 1쇄 발행 ｜ 2015년 11월 27일

지은이 ｜ 황상욱

펴낸이 ｜ 박서
펴낸곳 ｜ 생각너머
디자인 ｜ 박영정

종이 ｜ 상산페이퍼
인쇄제본 ｜ 미르인쇄
배본 ｜ 손수레
등록번호 ｜ 제313-2012- 191호   등록일자 ｜ 2012년 3월 19일
주소 ｜ 서울 마포구 연남동 568-39 칼라빌딩 402호
전화 ｜ 070-4706-1382   팩스 ｜ 02-6499- 1383

ISBN ｜ 978-89-98440-12-1 (13320)

초보 아빠엄마를 위한
똑똑한 재테크

황상욱 지음

생각너머

프롤로그

　우리나라 출산율이 전 세계에서 최저 수준이 된 지도 벌써 10여년이 지났다. 2014년 기준으로 여성 1명이 평생 낳을 것으로 예상되는 평균 출생아수를 뜻하는 합계출산율은 1.2명으로 사상 최저 수준이다. 쉽게 말해 남녀 한 쌍이 만나 아이를 딱 하나만 갖는다는 것이다. 이는 경제협력개발기구(OECD) 34개국 중 최저다.

　심지어 불과 20년 정도 뒤부턴 우리나라 인구가 줄어들기 시작한다고 한다. 삶이 점점 팍팍해져 가면서 연애 포기, 결혼 포기, 자녀 포기라는 '삼포세대'라는 신조어까지 탄생했다.

　인간관계, 집까지도 포기한다는 '오포세대'에 이어 꿈과 희망까지도 포기한 '칠포세대'라는 용어까지도 나왔다. 아예 모든 것을 포기한다는 'N포세대'라는 신조어는 우리 젊은 청춘들의 막막한 현실을 보여주는 것 같다.

일반적인 남성이라면 힘들게 대학을 가고 군대를 갔다 오면 졸업과 함께 구직난에 빠지게 된다. 평균 1~2년의 취업 준비 기간 뒤 자리를 잡으면 어느덧 서른 살. 전세방이라도 마련키 위해 준비하다보면 30대 중반에서야 겨우 결혼이 가능한 상황이 되는 것이다. 여성 역시 취업과 결혼 준비를 하다 보니 산모의 평균 연령이 32세(2014년 기준)를 넘어가게 됐다.

바로 여기서 미래에 대한 계획이 필요해진다. 20대 중반이면 결혼을 해 자녀를 독립시켜도 60세가 되지 않았던 과거와 달리 이제는 70세까지 일해야 될지 모른다는 현실에 부닥친다. 아이를 보통 하나, 많아야 둘 정도 갖게 되면서 아이에 대한 부모의 관심과 사랑은 더욱 깊어질 수밖에 없다는 사실까지 더해지면 출산조차 두려워진다.

통계를 하나 보자. 인구보건복지협회가 '지난해 한 해를 버티는 힘을 준 원동력'에 관한 설문조사를 했더니 응답자의 48.2%가 '토끼 같은 자녀가 있어서'라고 답했다고 한다. 그 다음 답변은 '든든한 배우자가 있어서'로 30.8%였다.

현대경제연구원은 지난해에 '몇 명의 자녀를 낳는 게 적정한가'라는 주제로 조사를 한 결과 2010년에는 1.81명이었는데 2014년에는 2.11명으로 늘어났다고 밝혔다. 자녀의 존재가 부부의 근본적인 힘이 되고, 또 현실적인 여건만 된다면 더 많은 자녀를 갖고 싶어한다는 뜻으로 해석된다.

그런데 일반적으로 한 자녀를 양육하는데 3억 원이 든다고 한다. 대한민국 현실상 어마어마한 사교육비, 대학은 물론 취직, 결혼까지 도와줘야 하는 사회 분위기상 부모가 지원해야 할 일은 이전보다 훨씬 늘어나고 복잡해졌다. 그러나 부모로서 아이에게 좋은 것만 먹이고 예쁜 옷만 입히며 편안한 집에서 살게 해주고 싶은 마음은 인지상정이다.

이 책은 이런 부모를 돕기 위해 쓰여 졌다. 축복받은 결혼에 이어지는 출산은 부모의 가장 큰 행복이다. 이 행복을 이어가기 위해서는 미리미리 준비해야 한다. 임신 확인과 함께 해야 할 일이 너무나 많다. 산부인과에서 발급받는 임신확인서를 통해 나라에서 주는 지원금도 받아야 하고 보험도 가입해야 하며 출산 후 양육수당 등도 알아서 챙겨야 한다.

애기 엄마는 힘겨운 출산 과정 후 충분한 휴식이 필요하다. 애기 아빠가 함께 나서줘야 한다. 그러나 직장에서 한창 바쁠 나이에 복잡한 각종 서류 준비는 물론 관공서와 은행, 보험사 등을 다니기엔 마음만 조급하고 실수가 있을 수밖에 없다. 많은 정보들이 쏟아지고 있지만 하나하나 챙기는 것은 만만찮은 작업이다. 이런 시행착오를 미리 방지하고 각종 지원도 제대로 받기 위해서는 충분히 조사하고 알아봐야 한다.

특히 우리들은 금융에 대해 제대로 배우지 못했다. GDP(국내총생산)니 GNI(국민총소득)니 하는 숫자들은 학창시절에 외웠겠지만 실제 은행에서 거래를 어떻게 하고, 통장은 어떤 종류가 있는지조차 잘 모른다. 보험은 복잡한 것 같다며 알려고도 하지 않고 심지어 예금과 적금을 구분하지 못하는 사람도 있을 정도다.

사회생활을 하면서도 '계약서'를 써본 경험도 거의 없다. 우리는 '초보자', 특히 금융에 있어서는 '정말 생초보'라는 사실을 인정해야 한다. '보험은 나쁘다', '주식은 투기다'라는 지레짐작은 재테크에 결코 도움이 되지 않다. 공부하면서 직접 경험을 해봐야 한다.

운전을 처음 시작할 때 자동차 뒤에 '초보운전' 스티커를 붙이고 다녔을 것이다. 초보라는 마음가짐으로 안전하게 운전하는데 집중했을 터다. 금융, 재테크도 마찬가지다. 조금 알게 됐다고 섣불리 판단하면 돌이킬 수 없는 후회를 불러올 수 있다. 이 책과 함께 차근차근 하나씩 해나가다 보면 어느덧 재테크에 대한 자신이 붙게 될 것이다.

자녀들의 미래, 이제 아빠에게 달려있다. 결혼하면서부터 자녀들의 미래 준비를 시작해야 한다. 은퇴 시점이 점점 빨라지고 있다. 미리미리 자녀들을 위해 준비를 시작해야 은퇴 후에도 자녀들의 행복을 도와줄 수 있다 자, 애기 아빠들, 이제 함께 시작해 보자.

감수

   인생의 중반을 넘어선 지금은 어느 정도 삶이 안정적이지만 젊을적 새롭게 가족이란 울타리를 만들어서 시작했을 그 때엔 어찌 그리 무모하게 용감했던지 모르겠다. 그리고 그 안의 삶을 되돌아보면 가장 보람되고 기억에 남지만 그 만큼 힘들었던 일이 육아인 것 같다.

   인생이나 육아에 대해 많은 책이나 정보들이 지침서처럼 존재하는 지금과는 다르게 그 시절에는 주위 어른들의 말씀이 인생의 이정표 역할을 했었고 그것만으로 충분한 시절이었기 때문에 용감했던 것 같기도 하다.

   하지만 지금은 가족이 핵가족화가 되고 부부의 맞벌이가 일상화가 되다 보니 육아문제가 갈수록 사회적 문제가 되고 있으며, 경제적인 준비 또한 무척이나 필요한 상황이다. 정부도 이에 맞춰 각종 복지나 지원 서비스를 제공하고 있지만 이를 적절한 시기에 맞춰 받는다는 것도 정확한 정보가 있지 않고서는 힘들어 보인다.

특히 예전과 다르게 다른 가족의 도움 없이 부부가 자녀의 건강이나 교육 등 모든 부분을 결정하고 해결해야하는 지금의 시점에서는 인생에 대한 계획을 세우지 않고서는 아무것도 할 수 없는 복잡한 시대가 되어 버렸다.

하지만 그 누구도 '청소부 밥'이라는 책의 '밥아저씨'처럼 힘든 시기에 우연히 내 앞에 나타나 친절한 멘토로서 적절한 조언을 해주지 않는다. 모든 일이 다 스스로의 노력이 해결해 내야하는 부분이다.

이러한 상황 속에서 이 책은 새롭게 시작하는 부부들에게 삶의 유용한 정보를 제공해주는 '밥아저씨'와 같은 친절한 멘토가 되지 않을까 생각한다.

이 책은 결혼을 하고 아이를 가짐으로서 해야 되는 현실적인 준비들을 시기와 상황에 맞게 알려주고 있다.

특히 단순히 아이를 낳는 시점이 아니라 인생의 장기적인 플랜을 세우고 이에 맞게 경제적인 준비를 할 수 있도록 필요한 보험가입에서부터 아이의 자립준비까지 정말 절실한 정보가 일목요연하게 구체적인 사례와 함께 제시되고 있는 것 같다.

정보의 홍수라고 불리며 유용한 정보를 찾아내기가 어려운 지금, 새롭게 가족을 꾸리는 부부들에게 이 책은 험난한 미래를 슬기롭게 헤쳐 나갈 수 있도록 올바른 길을 제시해 줄 거란 생각하며 이 책을 꼭 한번 읽어보라고 추천하고 싶다.

손해보험협회 박광춘 선임상무

차례

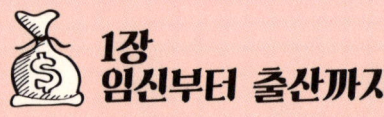
1장
임신부터 출산까지

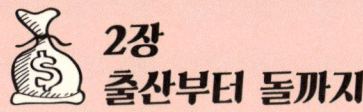

2장
출산부터 돌까지

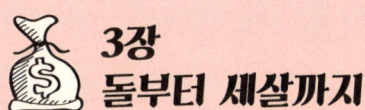

3장
돌부터 세살까지

4장
세살 이후 대비도 시작하자

5장
우리 아이 위한 재테크 총정리

1장
임신부터
출산까지

자녀 재테크 시작은 본인부터

결혼은 새로운 시작이다

'삼포시대'를 넘어 '칠포시대', 'N포시대'로까지 불리는 이 힘든 시절에 결혼까지 골인한 당신은 성공한 승리자다. 학교를 졸업하고 취직 또는 사업을 하면서 인생을 함께 할 동반자를 만났다는 것은 분명 이 시대의 '위너'임에 틀림없다.

그저 달콤한 둘만의 신혼 생활이 오랫동안 계속되기만을 바랄 것이다. 하지만 결혼과 함께 새로운 변화들도 마주치게 된다. 양가의 어르신들도 모셔야 하고 배우자의 형제자매도 모두 가족이 된다. 결혼은 단 둘이 아닌 가족과 가족의 만남이기 때문이다.

그리고 가장 중요한 애기가 생긴다. 부부간 사랑으로 탄생한 아이는 그 무엇과도 바꿀 수 없는 소중한 존재다. 모두의 축복을 받으며 아이를 건강히 키워가는 것은 부모의 책임이자 의무다.

그런데 골치 아픈 큰 문제가 있다. 바로 '돈'이다.

보건복지부와 보건사회연구원이 발표한 '결혼 및 출산동향 조사'에 따르면 자녀 양육비용은 영아기(0~2세)와 유아기(3~5세)에 대략 6000만 원, 초등학교(6~11세)·중학교(12~14세)·고등학교(15~17세)에 약 1억 6000만 원, 대학교(18~21세) 때 약 8000만 원으로 추정됐다.

무려 3억 원 수준이다. 대충 평균으로 보면 연간 1500만 원쯤은 들어간다고 보면 된다. 이를 월평균으로 나눠 계산해보니 최근 10년 동안 거의 두 배 가까이 늘었다. 부모가 부담하는 자녀의 월평균 양육비는 2003년 74만 8000원에서, 2006년 91만 2000원, 2009년 100만 9000원, 2012년 118만 9000원으로 크게 증가하고 있다. 이는 물론 아이가 하나일 때의 기준이다. 아이가 둘 이상이면 이보다 훨씬 더 들어갈 수밖에 없다.

일반적인 사례를 계산해보자. 4년제 대학 졸업자의 초봉을 연 2400만 원으로 기준을 정하고 매년 임금상승률을 5%로 잡자. 대략 한 사람이 30년 동안 16억 원 정도를 벌 수 있다. 현재 수준에서 조세부담률을 평균 26%로 계산하면 대략 세금이 4억 원 정도가 되고 12억 원 정도가 순수하게 남는 돈이다.

평생 직장생활을 통해 번 돈의 3분의 1에서 절반 가까이가 자녀 양육과 교육에 들어가야 하는 셈이다. 이쯤 되면 겁부터 덜컥 날 것이다.

'에듀 푸어(edu poor)'라는 신조어가 사회적 문제 중 하나로 떠오르

초보 아빠엄마를 위한
똑똑한 재테크

고 있다. 이 용어는 교육(education)이라는 단어와 빈곤한(poor)의 합성
어다. 하우스 푸어, 워킹 푸어에 이은 어려운 경제 상황과 사회 분위
기를 담은 것으로, 수입에 비해 과다한 교육비 지출로 경제적 곤란을
겪는 계층을 의미한다. 아이의 과외비를 마련하기 위해 아빠는 대리
기사 투잡을 뛰고, 엄마는 마트 시간제 계산원으로 일한다는 얘기를
결코 우습게 넘길 상황이 아닌 것이다.

　모두에게 축복받고 행복해야 할 임신 소식이 결코 걱정으로 바뀌어
서는 안 된다. 본인과 배우자의 재무 상태는 곧 아이를 키울 수 있는
기본 바탕이다. 결혼과 동시에 자녀 양육을 위한 재무 포트폴리오를
철저하게 짜야 하는 이유다.

자녀 1인당 전체 양육비용

자녀의 연령	양육비용	비고
영아기(0~2세)	3,063.6만원	3년간 총비용
유아기(3~5세)	3,686.4만원	3년간 총비용
초등학교(6~11세)	7,596만원	6년간 총비용
중학교(12~14세)	4,122만원	3년간 총비용
고등학교(15~17세)	4,719.6만원	3년간 총비용
대학교(18~21세)	7,708.8만원	4년간 총비용
전체(출생후 대학졸업시까지)	3억 896만 4천원	22년간 총비용

자료: 보건복지부(2014년 발표, 2012년 통계)

부부 재무 상태부터 파악하자

당장 임신과 함께 필요한 목돈만 해도 어마어마하다. 초음파 검사 등 기본적인 검사 비용은 물론 기형아 검사 등 추가 검사까지 받으면 어느새 100만 원이 훌쩍 넘는다. 태교를 위한 음악과 책, 또 건강한 출산을 위한 각종 프로그램 등도 필수적이다. 요즘 유행처럼 번지는 동남아 태교여행이라도 간다면 예상치 못한 수백만 원의 지출은 각오해야 한다.

또 요즈음은 출산과 함께 산모들이 대부분 산후조리원을 이용한다. 출산 후 산모의 몸 회복을 돕고 아기도 돌봐주는 중요한 시기다 보니 경쟁적으로 좋은 산후조리원을 찾게 된다.

지역, 시설에 따라 편차가 크지만 싼 곳도 100만 원은 훌쩍 넘고 시설이나 서비스가 괜찮다 소문이 난 곳이라면 300만 원 정도는 준비해야 한다. 약 2주 정도 머물며 그 기간 동안의 식사와 산후 회복을 위한 각종 서비스들이 제공됨을 감안하면 감당할 수밖에 없다.

아이를 낳자마자 필요한 손수건, 겉싸개, 속싸개, 젖병, 기저귀 등등 꼭 필요한 것들만 구입한다 해도 순식간에 한 달 치 월급은 들어간다. 임신이 확인된 순간부터 출산 때까지 못해도 500만 원 정도는 미리 준비해야 하는 셈이다.

이쯤 되면 점점 두려워질 법도 하지만 그렇다고 내 아이를 포기할 순 없다. 부부가 머리를 맞대고 계획을 세워야 한다.

가장 중요한 것은 부부가 서로를 신뢰해야 한다. 믿지 못하면 안 된다. 혹 결혼 전 숨겼던 비자금이나, 반대로 대출금이 있다면 서로에게 공개하자. 혼나는 건 순간이다.

서로 모든 것을 공개하는 쉬운 방법을 소개한다. 먼저 수입이다. 각자의 예상되는 고정 수입과 인센티브 등 보너스, 급여 외 소득을 밝히자. 이어 서로가 매월 고정적으로 나가는 지출을 목록으로 만들자. 보험료나 적금 등 저축성 소비는 물론 통신비, 용돈 등도 오픈하자.

그다음은 자산과 부채 공개다. 현재 갖고 있는 현금, 부동산 등 자산을 솔직하게 공개하자. 또 빚이 있다면 얼마나 되는지, 왜 빚을 지게 됐는지도 알아야 한다. 잘못된 습관이라거나 무리한 소비패턴을 갖고 있다면 하루 빨리 바꿔야 하기 때문이다. 부채는 결코 자산이 아니다.

부부간 재무 상태를 알지 못하면 아이를 위한 재테크도 준비할 수 없다. 외벌이, 맞벌이 각각의 사정에 따라 매월 얼마만큼을 아이에게 쓸 수 있는 지를 먼저 계획해야 한다.

앞으로 자녀를 위해 해야 할 일이 많다. 당장 태아보험도 들어야 하고 아이가 태어나면 어린이보험으로 특약을 바꿔야 한다. 국민행복카드도 만들어야 하고 정부가 지원해주는 바우처(일종의 쿠폰)를 챙기는 은행 통장도 개설해야 한다. 어린이집에 보낼 시기가 되면 아이행복카드도 필요하다. 더 멀리 바라보면 주택청약종합저축, 어린이연금, 어린이펀드 등 다양한 재테크 수단을 통해 자녀의 성장 시기에 맞춘 자금 포트폴리오를 짜야 한다.

자신과 배우자의 재무 상태를 공유하는 것은 자녀를 키우기 위한 필수적인 첫 단추를 끼우는 것이다.

예비 엄마, 아빠를 위한
필수지식 10가지

• **임신을 계획하는 여성이 음주를 하지 말아야 하는 이유는**

가임기 여성의 음주는 배아가 알코올에 노출될 가능성을 높인다. 특히 지나친 음주는 난임의 원인이 돼 유산율을 높이기도 한다. 임신 초기라도 태아가 알코올에 노출되면 안면기형 등 외형적 기형은 물론이고 향후 행동장애(ADHD), 학습·기억력 장애, 약물 중독, 사회부적응 등 태아알코올스펙트럼장애가 유발될 수 있다.

• **직장 내 유해물질 노출, 태아에 어떤 영향 미치나**

수은, 납, 카드뮴, 비소 같은 중금속과 살충제, 유기용제, 항암제 등의 유해물질은 수정 능력을 떨어뜨려 난임을 유발하고 자연유산, 선천성 기형, 사산과도 연관된다. 유해물질 노출은 배우자의 노출에 의해서도 간접적으로 이뤄지기 때문에 주의가 필요하다.

• **유산 후 임신이 잘 안되면 난임인가**

자연유산은 임신부 4명 중 3명이 경험할 정도로 빈도가 높다. 35세 이상 임신부의 15%, 40세 이상에서는 30% 이상이 경험한다. 수정체의 염색체 이상이 원인의 50% 이상을 차지하며 호르몬 이상, 면역학적 원인으로 자연유산이 될 수도 있다. 염색체 이상의 경우 수정 과정에서 우연히 발생하는 경우가 대부분이지만 부모의 염색체 문제로 이상이 반복적으로 발생하는 경우가 있으므로 유전학적 상담이 필요하다.

• 건강한 임신을 위해 남편은 어떤 노력을 해야 하나

음주, 흡연, 직장에서의 유해물질 노출은 수정 능력에 문제를 일으켜 난임을 유발하고 자연유산의 원인이 된다. 남성도 여성과 함께 엽산제를 복용하는 노력이 필요하며 혈액검사, 소변검사, 매독혈청 및 에이즈 검사, 간염 및 간기능 검사, 결핵검사 등을 받는 것이 좋다.

• 출산 터울은 어떻게 하는 것이 좋은가

출산 터울은 2년이 적당한 것으로 알려져 있다. 출산 후 다음 임신을 6개월 내에 하는 경우도 있는데 이런 경우 모유의 양이 줄어 수유와 육아에 문제가 생길 수 있고 뱃속 아이의 조산, 저체중, 사산 위험이 높아진다. 35세 이상 여성이라도 첫 아이가 최소 돌은 지난 후 임신하기를 권한다.

• 여드름약 이소트레티노인은 언제 복용을 중지해야 하나

여드름이나 피지 조절을 위해 복용하는 이소프레티노인은 선천성 기형을 유발하는 약물인데, 태아의 30%에서 중추신경계기형, 안면기형, 심장기형을 유발하고 정신지체를 일으킨다. 가임기 여성은 약물 복용을 중단한 뒤 최소 1개월 이후에 임신계획을 짜야 하며 만약 이 약물을 복용하고 있다면 2가지(콘돔과 피임약) 이상의 피임법을 사용해야 한다.

• 태아에게 영향을 줄 수 있는 만성질환은 어떤 게 있나

당뇨병, 갑상선기능저하증, 우울증, 류마티스관절염, 심장질환, 고혈압, 간질, 천식 등의 만성질환은 임신부의 건강상태에 큰 영향을 미치며 태아에게는 자연유산, 기형아 발생, 조산, 저체중아, 사산과 관련될 수 있다.

• 성병이 의심되는 경우 임신계획은

성병 중 클라미디아와 임질은 자궁외 임신, 난임, 만성골반염을 유발한다. 특히 클라디미아는 가장 흔한 성병이지만 여성의 75%, 남성의 50% 이상에게는 증상이 나타나지 않아 감염 사실을 인지하지 못하는 경우가 많다. 임질 역시 전혀 증상이 없는 경우도 간혹 있는 만큼 출산 계획이 있다면 병원을 찾아 미리 검사를 받는 게 좋다.

• 임신 전 어떤 예방접종을 해야 하나

예비 임신부는 홍역 · 볼거리 · 풍진(MMR), 수두, B형간염, 자궁경부암백신, 백일해 · 파상풍 · 디프테리아(Tdap), 독감 백신을 접종해야한다. 다만 MMR과 수두 백신은 임신부 투여 금지 약물이므로 접종후 1개월간은 피임을 해야 한다.

• 무뇌증은 무엇인가

　무뇌증(Anencephaly)은 대뇌반구가 없는 선천성 기형이다. 임신 초기 엽산 결핍으로 발생하는 만큼 임신부의 엽산제 섭취가 중요하다. 엽산 결핍은 척추갈림증(Spina Bifida)를 발생시키기도 한다.

자료: 보건복지부, 제일병원, 한국마더세이프 전문상담센터

아이 미래 설계는 가능한 빨리

서로 재무 상태를 공개했다면 구체적인 준비에 들어가 보자. 크게 세 단계의 준비가 필요하다.

먼저 마음가짐을 바꾸자. 연애, 교제기간에는 데이트, 여행, 외식 등에 남녀 모두 많은 비용을 썼을 터다. 집을 마련하고 인테리어 꾸미기에 한창 투자했던 신혼 초기를 넘어가면서부터는 자녀의 미래를 위해 아낄 것은 아껴야 한다. 가욋돈이 부족해 아이에게 해주고 싶은 것을 못할 때만큼 안타까운 게 없다.

기록을 하자. 당장 씀씀이를 줄이거나 굶으라는 것은 아니다. 한 번 더 생각을 하고 지출을 하되 모든 내용을 기록하자. 스마트폰을 사용한다면 각종 가계부 애플리케이션(앱)도 유용하고 간단하게는 다이어리나 캘린더 앱에 메모만이라도 해두는 게 좋다.

특히 부부간 수입과 지출을 모두 공유한다면 조금 더 구체적인 계획이 가능하다. 아이를 위해 이것저것 쓰다보면 어느새 마이너스 가계부가 된다. 나중을 위해라서도 신혼 초부터 모든 수입과 지출을 기록해두면 어느 것을 줄이고 늘릴 수 있을 지 가늠이 된다.

여기서 결정해야 할 것 하나는 누가 돈을 관리할지 여부다. 돈을 관리하는 것은 결코 권력이 아니다. 월급을 아내에게 준다고 해서 내 권력을 아내에게 넘겨주는 것이 아니란 얘기다.

가능한 한 사람이 돈을 관리하는 것이 좋다. 매월 각종 공과금, 통신요금, 카드 결제금, 보험료 및 적금 등 다양한 항목으로 지출이 이뤄진다. 이를 각자가 나누거나 혹은 번갈아 가며 관리하는 것은 바람직하지 않다.

만약 남편 외벌이 가정이라면 배우자의 지출까지도 국세청 소득공제가 가능하다. 아내의 보험료, 카드 결제금 등도 함께 소득공제를 할 수 있기 때문에 누가 돈을 관리해도 상관없다. 만약 맞벌이라면 소득이 많은 쪽이 세금이 많을 수밖에 없으므로 부부의 상황에 따라 누가 관리할 지를 정하는 것이 좋다.

이왕이면 꼼꼼하고 시간적 여유가 있는 사람이 돈 관리를 하는 게 무난하다. 은행도 가야하고, 가끔은 금융사 고객센터 같은 곳에서 항의를 해야 할 일도 생길 수 있다. 돈을 버는 것도 중요하지만 아깝게 새는 돈도 분명히 막아야 한다. 때문에 '시간'을 낼 수 있는 쪽이 돈 관리를 맡고 꼼꼼하게 정리해 서로 공유하는 것이 가장 현명하다.

그리고 가장 중요한 것은 바로 공부다. 재테크는 남이 해주는 것이 아니다. 또 재테크는 쉽게 되는 것이 아니다. 본인이 직접 공부하고 알아보고 직접 뛰어야 한다.

출산 전에 찾아보고 미리 숙지해야 할 것도 해야 할 일도 너무나 많다. 인터넷이나 육아 관련 잡지, 서적 등에서 다양한 육아와 관련된 정보를 얻을 수 있다. 그러나 단순히 일시적인 정보가 제공되는 것이 대다수다.

특히 재테크 분야는 필요한 정보를 모으기가 더욱 어렵다. 재테크 전문가들은 대부분 급여소득자, 자영업자, 고소득자에 초점을 맞추고 있다. 인터넷 블로그 등에서도 단순히 어린이보험 상품을 설명하거나 신용카드 혜택을 소개하는 정도가 한계다. 자녀를 위한 재테크 정보는 찾아보기조차 쉽지 않다.

부모는 그런 정보에 목말라 있다. 임신했을 때부터 계획을 세워 아이를 키우고 대학을 보내고 직장에 취업할 때까지, 더 멀리는 결혼할 때까지 자녀를 도와주고 싶다. 짧게는 20년, 길게는 30년 이상을 철저히 준비해야 하는 것이다.

과거 세대는 자녀를 주먹구구식으로 계획 없이 길러왔다. 아이를 성장시킨다는 것은 30년 이상의 시간과 돈, 노력을 투자해야 하는 중대한 일임에도 말이다. 그 결과는 너무나 참혹하다.

현재 수십만 명의 대학생들이 부모의 지원을 받지 못한 채 대학 시절 학자금 대출에 쫓겨 아르바이트에 시간을 보낸다. 공부를 해야 할 시간에 학자금 벌기에 지쳐버린다. 그 결과는? 막대한 대출금과 낮은 학점에 얽매여 사회에 첫 발을 디딜 수밖에 없다.

반면 부모의 지원을 넉넉히 받은 자녀들은 공부에 전력한다. 좋은 학점과 스펙은 능력을 발휘할 수 있는 여유까지 안겨준다. 이들은 대기업, 공무원 등 하고 싶은 직업이나 예체능 분야 등 본인의 꿈을 이루기가 쉬워지게 마련이다.

계획이 필요하다. 출산으로부터 최소 20년을 염두에 두고 체계적인 계획을 세워야 한다. 자녀를 위해, 더 나아가 자신과 배우자의 노후까지도 위한 것이다.

초보 아빠엄마를 위한
똑똑한 재테크

신용카드를
체크카드로 바꾸자

사회생활을 하다보면 으레 신용카드 1~2장쯤은 이용하고 있을 것이다. 포인트도 쌓이고 할부도 해주니 평소 쉽고 편리하게 써왔을 터다.

그러나 재테크의 최대의 적은 바로 빚, 즉 신용카드다. 평소 본인의 소득 내에서 잘 쓰고 있다고 하겠지만 미리 빚을 당겨쓰는 매력에 충동적인 구매나 불필요한 서비스를 이용하기 십상이다.

어쩌다 현금이 급한 나머지 카드사의 현금서비스라도 받게 되면 연 20%에 달하는 고금리를 물어야 하기도 한다.

체크카드로 바꿔보자. 체크카드는 통장(계좌)와 연계돼 계좌의 잔액 내에서 사용이 가능한 일종의 직불현금카드다.

요즘 나오는 체크카드 상품들은 신용카드 기능을 보탠 '하이브리드'라고 해서 잔액이 없는 경우에도 신용카드처럼 30만 원에서 50만 원 정도 결제를 해주는 기능도 있다. 할부가 되지 않기에 계획적으로 돈을 소비할 수 있으며 당연히 연체가 있을 수도 없다.

신용카드와 똑같이 가맹점이나 인터넷에서 모든 결제가 가능하고 해외에서도 역시 같은 방식으로 쓸 수 있다. 또 최근에는 포인트 적립이나 할인 혜택이 많은 체크카드도 출시되고 있으며 각종 혜택도 신용카드 수준으로 제공하는 상품도 있다.

또 하나의 장점은 연말정산 시 소득공제다. 신용카드, 체크카드, 현금영수증 사용액은 소득공제를 받을 수 있는데 신용카드의 소득공제율은 15%로 가장 낮다. 반면 체크카드와 현금영수증은 30%다. 연말정산 소득공제와 관련한 자세한 내용은 국세청 홈택스 홈페이지 (http://www.hometax.go.kr/)에서 자세히 확인할 수 있다.

체계적인 준비가 자녀 미래 만든다

이 책은 자녀의 성장 시기에 맞춘 재테크 전략을 소개한다. 첫 장은 임신부터 출산까지다. 임신과 함께 태아보험에 가입할 것을 적극 권한다. 자녀, 가족을 위한 재테크의 시작은 바로 보험이다.

그러나 보험은 어렵게 구성돼 있어 어떻게 설계를 해야할지 막막하다. 생명보험사와 손해보험사들은 각기 다양한 보험 상품을 판매하고 있다. 차이가 무엇인지, 보험료는 얼마나 내야할지 따져본다.

또 임신 확인과 함께 만들 수 있는 국민행복카드에 대해서도 알아본다. 국가 지원금을 어떻게 사용할지, 또 카드 자체의 혜택도 충실히 받을 수 있는 정보를 담았다.

두 번째 장은 출산부터 돌까지다. 저출산 시대를 맞아 정부는 다양한 출산 지원책을 내놓고 있다. 자세히 찾아보면 금전적인 혜택을 볼 수 있는 다양한 서비스와 복지가 이미 시행되고 있다.

가족관계증명서를 들고 은행도 가야한다. 아이의 생애 첫 통장을 만들어 주기 위해서다. 또 꼭 만들어야 할 필수적인 통장들도 있다. 본인이 직접 계획을 세워 더욱 다양하게 포트폴리오를 준비해도 좋다. 바빠서 세세하게 알아보기 어렵다면 꼭 필요한 통장이라도 만들어 두자.

돌이 넘어가면서는 본격적인 재테크를 시작해야 한다. 돌까지는 애기가 밤마다 수시로 깨서 잠도 충분히 못 잤을 터다. 체력도 약해지고 모아뒀던 돈도 슬슬 바닥이 보일 때다.

그러나 재테크는 지금부터 체계적으로 시작해야 한다. 장기적인 관점에서 주식이나 펀드도 알아봐야 한다. 자녀의 내 집 마련을 위한 부동산까지도 염두에 둔 투자를 고민하자. 당장 목돈 마련은 쉽지 않지만 성인이 된 자녀에게 든든한 큰 선물을 안겨줄 수 있다.

마지막 장은 세 살 이후의 준비다. 만 세 살 무렵은 아이가 세상 그 무엇보다도 예쁘고 사랑스러울 때다. 그 아이가 스무 살, 서른 살이 됐을 때 맨 몸으로 사회에 나가게 해서는 안 된다. 일찍부터 아이를 위해 준비하고, 아이에게 재테크 개념을 익히게 하자.

'돈'이 무엇인 지 자연스럽게 몸에 익혀져야 한다. 이재(理財·재산을 잘 관리함)에 밝다는 평을 받는 유대인과 화교는 일찌감치 아이들에게 화폐와 저축, 투자의 개념을 가르친다. 그들은 경제를 익히며 성장해 글로벌 금융 시장을 장악하고 있다.

이제 모든 정보는 어디에서나 얼마든지 얻을 수 있다. 너무 많은 정보의 양 때문에 정보가 오히려 공해가 되고 있을 정도다. 그러나 본인에게 당장 딱 맞는 시기에 원하는 정보는 얻기가 쉽지 않다. 또 정보란 시시각각 변하기에 어느 정도 시간이 지나면 쓸모가 없어진다.

부모가 노력을 해야 할 때다. 예전처럼 어르신들의 조언으로 아이를 키우던 시기는 끝났다. 최신의, 최적의 정보를 확보해 아이를 건강하게, 똑똑하게 키우는데 쏟아야 한다.

보건소 철분제·엽산제
지원 사업

보건복지부는 임산부에 대해 철분제·엽산제를 지원하는 사업을 실시하고 있다. 정부에 따르면 임신 5개월부터는 태아로 유입되는 혈류량의 상승으로 전체 혈액의 45% 정도가 증가돼 철분 보충이 필요하다.

임산부의 철분결핍성 빈혈은 조산, 유산, 산모사망을 발생시킬 수 있으므로 이에 대한 예방을 위해 정부는 임신 5개월(20주) 이상 보건소 등록 임산부에 대해 철분제를 지원한다.

빈혈, 다태아 임신 등으로 추가복용이 필요하다는 의사소견서 또는 진단서 제출 시에는 철분제 추가지원도 가능하다. 임신성빈혈이 확인된 임산부는 의사의 처방 등에 따라 조기 지원도 해준다.

또 수정 후 4주 이내에 중추신경계가 형성되나 모체의 엽산이 부족하면 신경관 결손으로 유사산 또는 선천성기형아를 출산할 가능성이 있다. 엽산을 꾸준히 섭취하면 효과적으로 예방이 가능하다. 이에 정부는 임신일로부터 3개월까지 보건소 등록 임산부에게 엽산제를 지원하고 있다. 1인 1개월분씩 최대 3개월분까지 지원을 받을 수 있다.

보험,
내 아이를 위한 첫 투자

출산 전 태아보험 꼭 들어야 할까

국내 굴지의 대형은행인 A은행에 다니던 유 대리는 결혼 3년 만에 임신 소식을 접했다. 유 대리는 금융 관련 자격증만 5개에 달하는 금융 전문가로 태아보험에 대해서는 이미 익히 알고 있었다.

그러나 한창 시기 은행 업무에 매달린 나머지 태아보험 가입을 차일피일 미뤘다. 그러던 어느날 갑자기 산부인과에서 조기출산 가능성이 전해져 왔고 7개월 만에 딸이 세상의 빛을 보게 됐다.

2킬로그램이 채 되지 않는 가냘프고 조그만 딸. 자가 호흡도 어려워 인큐베이터로 들어가 성장을 기다리게 됐다. 다행스럽게도 3개월 정도 뒤 딸은 건강히 성장해 무사히 퇴원했다. 문제는 유 대리에게 통보된 3000만 원이 넘는 막대한 병원비.

집 준비에 결혼 준비 과정까지 거치면서 별다른 목돈이 없던 유 대리였다. 태아보험을 가입하지 않은 본인을 탓했지만 이미 쏟아진 물이었다. 결국 그는 남은 자금을 전부 끌어 모으고도 상당한 대출까지 받아야 했다. 다행히 회사에서도 일부를 지원해줘 고비를 무사히 넘겼다. 지금 유 대리는 태아보험 전도사가 됐다.

보통 아이 하나가 성인이 될 때까지 3억 원 가까운 돈이 필요하다. 그런데 여기에는 중요한 변수 하나가 빠져 있다. 아이들이 큰 병 없이 안정적으로 성장할 경우의 계산이라는 것이다. 만약 아이가 아프거나 자라나는 과정에서 사고가 생긴다면 필요한 돈은 훨씬 늘어날 수밖에 없다. 그래서 보험이 필요한 것이다.

더군다나 산모의 고령화로 인해 합병증이나 선천성 기형아가 크게 늘어나고 있다. 37주 미만 출생아의 구성비는 전체의 6.5%로 매년 늘어나고 있다. 총 출생아 중 쌍둥이 이상을 뜻하는 다태아의 구성비도 3.29%로 역시 매년 증가하는 추세다. 몸무게 2.5kg 미만의 저체중아 구성비 역시 5.5%로 매년 늘고 있다.

이는 모두 결혼이 늦어지고 출산이 늦어졌기 때문이다. 고령 출산이 늘어나면서 임신이 어려운 난임 부부들이 의학의 도움을 받아 아이를 갖게 돼 다태아가 늘어났다. 또 임신부의 체력이 약해져 아이도 제대로 성장을 하지 못해 저체중아나 기형아의 구성비가 증가했다.

연애, 결혼에 이어 임신까지 힘든 여정을 거쳐 이제 건강한 아이의 출산을 기다려야 하지만 부모의 마음 한편은 불안할 수밖에 없다. 늦은 결혼에 혹시라도, 만약에라도 출산 과정에서 어려움을 겪거나 출산 후 어려움을 겪을 가능성이 있기 때문이다. 불안한 마음을 갖고 기다리기 보다는 철저히 대비하는 게 더욱 중요하다.

원래 보험은 미래에 예측할 수 없는 재난이나 사고의 위험에 대비하기 위해 생긴 제도다. 큰 사고를 당하거나 질병이 없다면 사실 아까운 돈이기도 하다. 그러나 만약, 아주 만약에 크게 다치거나 큰 병을 앓게 된다면 감당할 수 없을 만큼의 목돈이 필요해질 수도 있다. 가능한 자신의 소득수준에 맞춰 보험을 들어놔야 하는 이유다.

보험은 크게 생명보험과 손해보험으로 나눠진다. 단순하게 구분하면 생명보험은 인간의 생명과 직결된 보험, 손해보험은 사건·사고에 연계된 보험이다. 그러나 최근에는 보험의 영역이 넓어져 생명보험사와 손해보험사가 거의 엇비슷한 상품을 판매하고 있다.

태아보험도 그렇다. 생명보험사와 손해보험사 모두 태아보험 상품을 판다. 태아보험은 정확하게 설명하면 어린이보험에 태아특약이 더해진 보험 상품이다. 이 특약은 크게 '출산 전 태아를 위한 보장', '출산 후 신생아를 위한 보장', '산모를 위한 보장'으로 나뉜다.

태아를 위한 보장에는 태아가 선천성 기형이거나 저체중 조기 출산 등에 대한 보장이, 신생아를 위한 보장에는 질병 등 신생아 단계에서 일어날 수 있는 다양한 보장이 들어간다. 통상 이 특약들은 함께 가입하는데 구체적으로는 선천성 기형, 선천성질환 수술특약, 출생전후기 질환보장특약, 저체중아 입원특약 등이 있다. 산모를 위한 보장에는 출산 관련 질환, 산후기의 합병증부터 아이의 유산, 산모의 사망 등에 대해 보장을 해준다.

무엇보다 중요한 것은 임신 확인과 함께 하루 빨리 태아보험에 가입을 해두는 것이다. 출산 후에 아이에게 이상이 있거나, 질병이나 사고가 생기면 보험 혜택을 받을 수 없다. 선천성 장애가 있다면 나중에 일반 보험에 가입하려 해도 보험사가 가입을 받아주지 않는 경우도 많다.

최근 어린이보험의 태아담보특약은 손해보험의 경우 임신 확인 순간부터, 생명보험은 임신 16주 정도부터 가입이 가능하다. 통상 임신 22주 내외, 일부 상품의 경우는 24주까지 가입을 할 수 있기 때문에 꼭 이 기간 내에 보험에 가입을 해야 한다.

쌍둥이 이상 다태아는 아이마다 각각 가입 가능하고, 인공수정을 통한 태아도 보험에 가입할 수 있지만 이 기간이 넘으면 태아담보를 넣을 수 없디. 임신 소식과 함께 보험 가입 결정을 빨리 내려야 하는 이유다.

아빠의 보험 가입 요령

보험, 엄청나게 많은 보험사가, 엄청나게 많은 상품을, 엄청나게 다양한 방식으로 판매하고 있다. 복잡하다. 너무 어려워서 보험설계사의 권유에 넘어가고 만다.

짤막하게 보험 가입 요령을 소개한다. 일반적인 성인을 기준으로 볼 때 보험에는 가입 순서가 있다.

1순위는 실손의료보험이다. 이 보험은 부부, 가족 구성원 모두가 평생 들어두기를 적극 권유한다. 실손의료보험은 보험 가입자가 질병이나 상해로 입원 또는 통원치료 시 의료비로 실제 부담한 금액을 보장해 주는 건강보험을 뜻한다. 실제 손실을 보장한다 해서 보통 '실손보험'이라고 부른다.

병·의원 및 약국에서 실제로 지출한 의료비를 최대 90%까지 보상하는 보험으로 반드시 가입해야 하는 보험 1순위로 꼽힌다. 이 보험은 가능한 평생 가져가야하므로 꼭 필요한 특약만을 넣어 가능한 저렴하게 짜는게 좋다.

다음 순위는 진단비 보험이다. 암보험이 대표적이다. 갱신형 상품으로 저렴하게 가입하는 것을 추천한다. 통상 설계사들은 만기환급형을 추천하는데, 그다지 권유하지는 않는다.

갱신형은 소멸성으로 보험료를 내고 그 기간 동안 혜택만 받는 순수보장형이다. 반면 만기환급형은 혜택을 보면서 보험료의 원금 등 일부를 적립해 만기 시에 돌려준다. 보통 보험에 가입할 때 만기가 10

년에서 30년, 더 긴 경우도 있는데 지금부터 10~20년 뒤 물가상승률을 생각하면 만기 시엔 그리 큰 돈이 되지 않는다. 이자 없는 적금이라고 생각하면 된다. 차라리 갱신형으로 가입하고 남는 돈은 별도로 저축하는 게 낫다.

현재 소득에 여유가 있다면 마지막 순위로 가입할 보험은 종신보험이다. 이 보험은 피보험자의 평생을 담보해 사망하게 되면 보험금을 100% 지급하는 상품이다. 즉, 사망의 시기와 원인을 따지지 않고 특별한 사유(자살 등) 외에는 무조건 보험금을 지급한다.

예전에 한 보험사가 TV에서 "10억을 받았습니다."라며 남편을 잃은 한 미망인이 좋은 집 마당에서 세차를 하고 잘생긴 남자 보험설계사와 상담을 하는 광고를 내보냈다. 어마어마하게 이슈가 되었던 기억이 있을 것이다. 그 상품이 바로 종신보험이다.

광고에 대한 논란은 뒤로 하고, 어쨌거나 갑자기 집안의 가장이 사망한다면 남은 가족은 힘겨운 생활을 할 수밖에 없다. 이를 위한 해결책은 종신보험이 맞다.

가입하려면 납입기간은 최대한 길게 설정하고 납입금액은 최대한 줄이는 게 좋다. 납입기간은 줄일 수 있지만 늘릴 수는 없기 때문이다. 또 납입금액이 많으면 중도에 해지할 가능성이 크다. 보험을 중도에 해약할 경우 보험사가 사업비 명목 등으로 상당 부분을 떼어가기 때문에 받을 수 있는 돈이 생각보다 크게 줄어들게 돼 있다.

소득 내에서 적당히 납입하는 것을 추천한다. 또 최근 종신보험 상품은 가입 20년 후부터 긴급자금 인출 등의 혜택도 준다는 사실을 참고하자.

끝으로 어떤 보험이든, 가입 후 받은 보험약관은 꼭 한 번 이상은 정독을 하도록 하고 즉시 찾을 수 있는 장소에 보관하도록 하자. 보험금을 받을 수 있음에도 몰라서 청구를 못하는 경우가 많다. 일반적으로 보험금 소멸 시효는 사고가 난 날부터 2년 이내다.

생명보험사·손해보험사 고르는 법

태아보험에 가입해야겠다고 마음을 먹었다면 가장 먼저 산부인과에서 임신확인서를 발급받아야 한다. 병원에 따라 무료로 해주는 곳도 있고 보통 5000원에서 많은 경우 1만 원까지 받는 곳도 있다. 태아보험, 국민행복카드 가입을 위해 필요하다고 설명하면 상당수 산부인과가 저렴하게 발급해준다.

이제 상품을 선택해야 하는 단계다. 앞서 설명했듯 태아보험은 대부분의 생명보험사와 손해보험사가 모두 상품을 판매한다. 보험에 가입하기 전에 먼저 생명보험사와 손해보험사의 차이를 알아야 한다.

상법에서는 보험을 손해보험과 인보험으로 구분한다. 인보험 내에 생명보험, 상해보험, 질병보험 등이 포함되는 구조다. 그러나 일반적으로 가입 시에는 크게 생명보험과 손해보험으로 나눈다. 생명보험은 가입자의 사망 시, 그리고 그에 따른 유족의 경제적 곤란을 '위험'으로 보고 가입한다. 반면 손해보험은 사고로 인한 재물의 가치하락, 사람이라면 기본적인 능력의 상실을 '위험'으로 본다.

당장 보험에 가입해야 하는 보호자의 입장에서 간단하게 보자. 일반적으로 생명보험사 상품은 보장기간이 길고 보장금액이 정해져 있으며 백혈병, 암 등 중대한 질병에 대한 보장이 상대적으로 강하다. 반면 손해보험사 상품은 보장범위가 생명보험사에 비해 넓고 실제 치료비에 대해 보장해주는 실비보상형으로 구성돼 있다.

또 같은 보장내역이라면 손해보험사가 생명보험사보다 저렴한 편이다. 보상을 받는 절차도 손해보험사가 간단하다. 생명보험사는 보험금 청구 시 병원의 원본서류들을 제출해야 한다. 반면 손해보험사는 복사본으로도 신청할 수 있다. 진단서 발급비용이 보통 1만 원에서 2만 원 심지어 그 이상 드는 경우도 있기 때문에 이를 감안하면 손해보험사 상품이 보험금을 타기에는 유리하다.

중복보장 여부도 확인해야 한다. 생명보험사 상품과 손해보험사 상품을 둘 다 가입할 경우 상해입원의료비/통원의료비, 질병입원의료비/통원의료비, 종합입원의료비/통원의료비, 배상책임 등 일부 특약은 중복으로 보험금을 주지 않는다. 한 곳에서만 받을 수 있기 때문에 중복되지 않도록 특약을 잘 조정하는 것도 유의해야 한다.

소득에 어느 정도 여유가 있다면 가장 좋은 방법은 생명보험사와 손해보험사 상품 둘 다 함께 가입하는 것이다. 예상했겠지만 손해보험사+손해보험사, 생명보험사+생명보험사는 중복보장이 되지 않는다. 손해보험사와 생명보험사 각각 상품에 가입을 하면 거의 확실하게 보장된다. 만약 출산 후 아이의 특정 장기에 문제가 발생한다면 그 장기와 관련해서는 대부분 보험 가입이 어렵다. 처음 가입할 때 충분한 특약을 포함하는 것을 추천한다.

일반적으로 손해보험사는 초소환급형, 생명보험사는 순수보장형으로 가입할 경우 가장 저렴하게 보험료를 정할 수 있다. 남아와 여아의 차이도 있다.

태아보험 때는 아이의 이름이나 주민등록번호, 성별이 정해지지 않은 상황이기 때문에 남아 기준으로 보험료가 책정된다. 아이가 태어난 뒤 여아일 경우 일부 보험료가 환급된다. 이후에는 남자 아이가 더 활동적이어서 사고의 확률이 높기 때문에 여아보다는 남아의 보험료가 더 높은 편이다.

앞서 가정한대로 생명보험사+손해보험사 형태로 가면 특약을 최소화할 경우 월 3만 원에서 4만 원 정도다. 조금 더 추가적으로 특약을 넣을 경우 5만~6만 원 정도, 치아를 포함한 더욱 광범위한 보장으로 가면 월 9만~10만 원 정도면 보험은 충분하다고 볼 수 있다.

현재 국내에는 정말 많은 보험사가 있다. 대기업 계열부터 외국계 회사까지 40여 곳에 달하는 보험사가 보험을 판매한다. 아무래도 역사가 오래된 대형사가 믿음직하다.

금융감독원 홈페이지(http://www.fss.or.kr/)로 들어가 '업무자료→보험업무→보험회사종합공시' 메뉴를 보면 국내에서 영업 중인 생명보험사, 손해보험사를 전체적으로 알 수 있다. 특히 각사별로 총자산과 당기손익, 운용자산이익률 등을 볼 수 있어 보험사 선정 시 참고할만하다.

또 보험 가입 시에는 유전적인 요인도 충분히 감안돼야하기 때문에 보험설계사와의 상담은 필수다. 아이의 친가와 외가에서 질병으로 어려움을 겪은 경우가 있다면 이를 충분히 반영해야 한다. 만약 쉽게 판단이 되지 않는다면 보험을 전문적으로 판매하는 회사도 검토해 볼 만 하다.

참고로 최근에는 특정 1개 보험사가 아닌 여러 보험사의 상품을 한번에 모아 비교해보는 서비스도 인기다. 바로 법인보험대리점을 뜻하는 GA(General Agency)가 그런 역할을 해준다. GA는 여러 보험회사의 상품을 취급하면서 보험계약을 대리하는 서비스를 제공한다. 여러 회사의 상품을 한꺼번에 비교하고 싶다면 역사와 규모가 좀 있는 GA를 통해 설명을 듣고 가입을 하면 된다. 최근에는 보험회사가 직접 자회사 형태로 GA를 운영하기도 한다.

금융감독원이 2015년 9월 발표한 자료에 따르면 500명 이상의 보험설계사를 보유한 대형 GA는 총 45개 회사로 설계사수도 10만 명을 돌파했다. 자세한 내용은 금융감독원 콜센터(전화 1332)로 문의하면 된다.

보험 가입, 이것만 알면 된다

1순위 추천은 생명보험사와 손해보험사 동시 가입이다. 양쪽에서 부족한 부분을 보완할 수 있기 때문이다. 아주 저렴하게 가입하고 싶다면 손해보험사 상품을 추천한다. 대부분의 경우 손해보험사 상품으로도 상당한 보장이 가능하다.

손해보험사의 특약은 보험설계사와 상담하는 것이 가장 좋다. 집안에 유전병이 있는 경우, 임신 전 몸 상태가 좋지 않았던 경우에는 태아와 출산 후 아이의 위험수위가 높기 때문에 더욱 특약에 가입해둬야 한다.

보험 가입을 결정했다 하더라도 고민해야 할 부분은 아직 많다. 가입기간을 먼저 정해야 한다. 예전에는 어린이보험이 보통 대학 졸업 무렵인 24세 혹은 직장 취업 연령대인 30세에 종류하는 게 대부분이었다. 요즈음은 보통 80세, 100세 만기가 일반적이다.

보험은 현재 기준에서 만기가 긴 것이 당연히 유리하다. 나이를 먹어갈수록 다치거나 병에 걸려 병원에 갈 확률이 높아지기 때문이다. 30~40대에 넘어졌을 때와 60~70대가 넘어졌을 때 언제 더 심하게 다칠 지는 생각해볼 필요도 없다.

그런데 태아보험, 즉 어린이보험은 조금 다르게 생각해야 한다. 성인이라면 암 같은 각종 질병이나 비만, 당뇨 같은 성인병 위주로 보험을 짜야 한다. 반면 어린이보험은 어린 아이이기에 걸리는 각종 질환과 어린이 안전사고 위주로 보험에 들어야 한다. 단순한 감기가 폐렴으로 진행되기도 하고 수족구병, 중이염, 눈병 등이 어린이 시기에 걸리는 대표적인 질환이다.

어른이라면 종신보험도 하나의 좋은 보험 가입 방법이다. 다양한 경우에 보장을 받을 수 있지만 아쉽게도 어린이는 가입이 불가능하다. 우리나라 보험업법에 만 15세 미만자, 심신상실자, 심신박약자를 피보험자로 하는 사망보험은 아예 무효다. 이는 고액의 사망보험금을 노린 납치, 살해 등의 위험으로부터 보호하기 위한 목적 때문이다.

추천하는 방법은 만기를 20세 정도로 정해 어린이보험에 가입하고 아이가 성년이 돼 대학에 입학할 무렵 어린이보험을 해약한 뒤 종신보험에 가입토록 하는 것이다. 어린이들의 질병과 사고가 집중되는 시기는 영유아부터 초등학교 저학년 무렵이다.

중학생, 고등학생이 되면 사고나 질병 등 위험에 노출되는 확률이 크게 줄어든다. 특히 우리나라처럼 교육열이 높은 국가에서는 중, 고등학생 시절 대부분을 학교와 학원에서 보내기 때문에 역설적으로 오히려 안전하다고 볼 수 있기도 하다.

어린이보험에 가입할 때 실손의료보장 특약은 반드시 가입하는 것이 좋다. 실손보장에 가입하면 병원에서 치료를 받을 때 본인부담 의료비의 최대 90%까지 실비로 보장받을 수 있다. 여러 질병에 노출돼 잔병치레가 잦은 영·유아기 때는 물론 성인이 돼서도 꼭 필요한 보장이다. 보통 실손보장은 1년마다 자동으로 갱신돼 조금씩 보험료가 올라가게 된다는 점도 참고하자.

또 보험료는 짧게 내는 것이 유리하다. 일반적으로 보험료 납입기간이 짧을수록 전체 보험료 총액은 줄어들게 된다. 일시납의 경우 가장 적은 보험료를 납입하게 되는 셈이다.

우리가 자동차를 살 때도 가장 적은 비용으로 사는 것은 일시금으로 현금을 주고 사는 것과 똑 같은 이치다. 할부로 구입하는 경우 그 기간만큼 이자를 내야 되기 때문이다.

보험도 마찬가지다. 하지만 일시납의 경우 수백만 원에 달하는 돈을 한꺼번에 납입해야하기 때문에 부담스러울 수 있다. 5년 납입 정도를 추천한다. 물론 어린이보험이 처음 1~2년은 선천성 기형이나 산모 보장 등으로 보험료가 비싸지만 그 이후에는 보험료가 줄어들어 크게 부담스러운 금액은 아니다. 자녀가 성장하는 동안 유지될 보험이기 때문에 납입기간을 짧게 해 보험료를 절약하는 것이 유리하다.

납입을 일찍 마치면 그만큼 이자가 부여되는 기간이 늘어나기 때문에 나중에 환급금도 늘어나는 것이 일반적이다. 추후 종신보험으로 갈아탈 때 초기 몇 년도의 보험료는 납입할 수 있는 돈이 마련되는 셈이다.

어느 정도 여유가 있다면 만기환급형, 가능한 저렴하게 보험료를 내려면 순수보장형으로 가입하면 된다. 만기환급형은 보험이 만기가 됐을 때 그동안 냈던 보험료의 일부나 전부를 돌려주는 형태며, 순수보장형은 보험 혜택만 받기 때문에 저렴하다.

마지막으로 자녀수를 고려해서 가입조건을 정하는 것이 좋다. 쌍둥이라면 2건의 보험에 가입해야 한다. 요즘에는 쌍둥이, 세쌍둥이도 종종 볼 수 있다. 예전에는 한 아이만 보장이 가능했지만 지금은 태아의 수만큼 태아보험에 가입하면 모두 보장을 받을 수 있다.

자녀가 1명이라면 높은 보험료를 지불하더라도 고액의 보험금이 지급되도록 높은 수준으로 가입하는 것이 좋다. 그러나 자녀가 여럿이라 보험료가 부담된다면 어린이가 주로 발생하는 질병과 사고 위주로 한 명도 빠짐없이 가입해야 한다.

발생가능성이 낮은 보장은 과감하게 포기하자. 예를 들어 휴일에 교통사고로 심각한 장해를 당했을 때 고액의 보험금을 보장하는 상품에 가입하기 보다는 어린이들이 자주 걸리는 비염, 폐렴, 천식, 치과치료와 같은 보장이 빠짐없이 있는지를 체크하는 것이 좋다. 다만 백혈병, 소아암과 같이 비교적 발생확률이 높은 중대한 질병의 경우에는 보장금액이 충분한지 체크하는 것이 중요하다.

새로운 생명 탄생의 기쁨과 무럭무럭 자라나는 아이들을 지켜보는 행복을 위해 혹시라도 찾아올 질병이나 사고는 어린이보험으로 알뜰하고, 든든하게 대비하는 지혜가 필요하다.

초보 아빠엄마를 위한
똑똑한 재테크

태아보험 의료실비형 주요 상품

회사	상품명	특징	가입조건
현대해상	(무)굿앤굿어린이 CI보험(HI1509) 30세태아플랜	−성장하면서 꼭필요한 질병,상해,배상책임 보장 (해당특약가입시) −태아부터 가입가능 −다양한 보장을 통해 자녀에게 필요한 맞춤보장설계	가입나이: 태아~22세 보험기간: 5/10/15/20년납/ 전기납/일시납 보험종류: 일부환급형
KB 손해보험	무배당 KB희망플러스 자녀보험(15.09) 30세 태아플랜	무배당 KB희망플러스 자녀보험(15.09) 30세 태아플랜	가입나이: 태아~보험나이15세 보험기간: 10년,15년,20년, 25년,30세납 보험종류: 만기일부환급형
메리츠 화재	(무)내 Mom같은 어린이보험1509 100세태아플랜	−선천이상, 신생아 질병, 저체중아비용등 출생시위험보장 −골절 화상등 생활상해 보장 −암진단/수술/입원,심장관련 소아 특정질병 보장	가입나이: 0~(35−보험기간), 20세 보험기간: 10/20/30년납,전기납 보험종류: 일부환급형
한화손해보험	무배당 1등 엄마의 똑똑한 자녀보험1509 100세태아플랜	− 태아부터 100세까지 질병,상해를 보장 (해당특약가입시) − 암진단비,골절진단비등 보장(해당특약가입시)	가입나이: 태아~최고18세 보험기간: 10,15,20,25,30년 보험종류: 만기일부환급형
삼성화재	(무)삼성화재 자녀보험NEW 엄마맘에쏙드는 (1509.12) 1종[30세 태아플랜]	− 상해, 질병으로 인한 실손의료비 출생순간부터 보장 − 소아암, 백혈병, 심장수술 등 소아 고액치료비 질환 보장 (해당특약가입시)	가입나이:태아~15세 보험기간: 5년,10년,15년, 20년,25년,30년 보험종류:장기상해

태아보험 생명보험 주요상품

회사	상품명	특징	가입조건
신한생명	무배당 신한아이사랑 보험BIGⅡ	−태어나서 100세까지 보장받는 어린이전용보험 (100세만기형선택시) −안과,치과,응급실 통원보장 −고객니즈에 따라 다양한 형태 가입이 가능	가입나이:태아~20세 (30세만기 최대 15세) 보험기간:10,15,20,30,40년납, 30세납,전기납 보험종류:50%환급형, 100%환급형
동양생명	무배당 수호천사 꿈나무자녀사랑보험	−암및치명적인 질병보장 −시청각질환, 치과치료등의 통원비 보장 (해당특약 가입시) −성장기는 청소년질환,성인되면 성인질환보장 (해당특약 가입시)	가입나이:0세(태아)~ 보험나이 25세 보험기간:10,15,20,30년납, 30세납,일시납 보험종류:순수보장형, 70%환급형,100%환급형
흥국생명	(무)흥국우리아이플러스 보장보험_100세형	− 암, 건강보험 0세부터 100세까지 보장 − 하루를 입원해도 첫 날부터 입원비 지급 (해당특약가입시) − 갱신없는 보험료 100세만기시 납입보험료 100%환급 (1~25세 가입시)	가입나이:0세(태아)~25세 보험기간:30년납 보험종류:만기환급형

자료: 인슈랩(http://www.insulab.co.kr/)

초보 아빠엄마를 위한
똑똑한 재테크

출산 지원
국민행복카드 100% 활용법

필수라는 국민행복카드, 도대체 뭐지?

임신을 확인하면서 가장 먼저 만들어야 할 것 중 하나는 '국민행복카드'다. 국민행복카드란 건강보험에 가입한 임산부에게 임신·출산 진료비를 지원했던 '고운맘카드'와 만 18세 이하 산모에게 발급되는 '맘편한카드'를 통합해 새로 나온 카드다. 카드사에서 신용카드, 체크카드 어느 형태로도 발급받을 수 있다.

원래 고운맘카드는 임산부에게 임신·출산 진료비로 50만 원, 쌍둥이 등 다태아의 경우 70만 원을 지원해주는 바우처 카드다. 쉽게 말해 50만 원이 충전된 카드를 받는다고 생각하면 된다. 임신 1회당 50만 원이 지원되기 때문에 둘째, 셋째 아이를 가질 때도 혜택을 받을 수 있다.

예전에는 이 카드가 따로 구성돼 있었다. 2015년 5월 1일부터 국민 건강보험법이 바뀌어 하나의 카드로 통합됐다. 참고로 보건복지부는 임신과 출산과 관련한 의료비의 본인부담금을 현재 20~30% 수준에서 2017년에는 5% 수준으로 낮추고 2018년부터는 국민행복카드를 통해 사실상 '무료' 수준으로 지원할 방침이다. 또 산모·신생아 건강관리지원사업, 가사간병방문서비스 등을 비롯한 각종 사회서비스 사업의 바우처 카드들도 단계적으로 통합할 계획이다.

국민행복카드는 하나의 카드로 여러 서비스를 받을 수 있다. 먼저 이 카드를 발급받으려면 먼저 '건강보험 임신·출산 진료비 지원 신청 및 임신확인서'를 산부인과 병·의원에서 발급받아야 한다.

이 확인서를 들고 국민건강보험공단의 지사 또는 카드사에 방문해 신청하면 된다. 2015년 11월 현재는 BC카드와 삼성카드, 롯데카드에서 발급이 가능하다. 임신확인서 등은 민감한 개인정보가 담겨있기 때문에 꼭 방문을 해야 되는 번거로움은 받아들여야 할 것 같다.

BC카드는 BC카드사의 지점 외에도 전국 IBK기업은행, NH농협은행, 대구은행, 부산은행, 경남은행 영업점을 찾아가면 된다. 삼성카드는 신세계백화점 고객서비스센터나 새마을금고에서도 발급이 가능하다. 롯데카드는 롯데백화점 카드센터에서도 가입이 가능하니 가까운 백화점을 방문하면 된다. 가족의 경우 가족관계증명서 등 가족관계를 증명할 수 있는 서류를 지참하면 대리신청도 가능하다.

만약 산모가 청소년이라면 임신·출산 의료비 지원을 받기 위해서는 신청서류 및 임신확인서를 사회서비스 전자바우처 포탈 홈페이지

(http://www.socialservice.or.kr)에서 신청하면 된다.

국민행복카드에 관한 안내는 전자바우처 포털이나 보건복지부 콜센터(국번없이 129), 국민건강보험공단(전화 1577-1000), 한국보건복지정보개발원(전화 1566-0133)에서 문의하면 된다. 카드 발급과 관련한 문의는 BC카드(전화 1899-4651), 삼성카드(전화 1588-8700), 롯데카드(전화 1899-4282)에서 상담이 가능하다.

50만원 알뜰하게 써보자

국민행복카드를 발급받았다면 취지에 맞춰 잘 사용해야 한다. 임신확인서 상 분만예정일에 60일을 더한 후는 소멸되니 출산 후까지 지원금이 남았다면 대략 두 달 내에 가능한 빨리 써야 한다.

기본적으로 국민행복카드는 지정 산부인과 의료기관, 조산원은 물론 한방의료기관, 즉 한의원 등에서 사용할 수 있다. 초음파 검사나 각종 태아 검진 등에 많은 비용이 들어가기 때문에 이 부담을 덜어주기 위해 정부가 만든 복지 혜택이기 때문이다. 산부인과 정기검진은 물론 한의원의 입덧치료 같은 한방요법도 지원금으로 결제가 가능하다.

정부는 이르면 올해 중으로 사용 후 남은 잔액을 영유아 대상 예방접종·검사·진료 등에 사용 가능하도록 제도를 개선해 불필요하게 전액을 무조건 쓰도록 하지는 않을 방침이다.

사용처는 국민건강보험공단 홈페이지(http://hi.nhis.or.kr/)에서 쉽게 확인할 수 있다. 홈페이지에 접속한 후 '병원 및 검진기관 안내 〉 임신/출산 진료비 지정' 메뉴에서 지역별, 종별로 조회하면 된다. 예를 들어 '서울 강남구'의 '병원'을 검색하면 카드를 사용할 수 있는 병원이 아래 화면처럼 검색된다.

국민행복카드에 대해 조금 더 자세히 알아보자. 현재 국민행복카드는 BC카드, 삼성카드, 롯데카드에서 발급되는데 각 카드사별로 혜택에 조금씩 차이가 있다. 또 신용카드와 체크카드로 나눠져 있고 할인율 등이 다르기 때문에 본인의 필요 여부에 따라 선택을 해야 한다.

먼저 BC카드(http://www.bccard.com/)부터 살펴보자. BC카드는 국민행복카드에 대한 연회비를 면제해준다. 일반적으로 체크카드가 5000원에서 1만 원, 신용카드가 1만 원에서 2만 원 내외의 연회비를 내도록 하지만 국민행복카드는 복지의 일환으로 연회비를 받지 않는다.

BC카드의 국민행복카드는 크게 3가지의 타입(type)으로 나눠져 있다. 'A-Type'은 임산부 또는 영아를 위한 서비스, 'B-Type'은 어린이집 또는 유치원을 보내는 육아맘을 위한 서비스, 'C-Type'은 친환경 생활을 위한 그린카드 서비스로 구분된다.

출산을 앞두거나 막 출산한 산모라면 A타입으로 발급받으면 된다. A타입의 가장 큰 혜택은 병원, 의원, 조산원, 산후조리원 업종에서 정부지원금을 제외한 금액의 5%를 청구할인해주는 것이다. 월 2회, 최대 2만 원까지 혜택을 받을 수 있다. 특히 카드를 수령한 달을 포함해 2개월 말까지는 이용실적에 관계없이 혜택이 제공된다.

삼성카드(http://www.samsungcard.com/)의 혜택도 만만치 않다. 삼성카드의 국민행복카드는 바우처 기능에 연회비 면제는 물론 임신 축하 선물로 베이비키트(Baby Kit)를 제공한다. 캐스키드슨 박스, 쿠폰북(유모차, 카시트 할인 등), 젖병, 태교CD, 키재기 자, 물티슈 등을 하나의 박스로 선물한다. 카드 브랜드는 국내 전용 혹은 해외겸용 마스터카드로도 발급을 받을 수 있고 후불교통카드 기능도 제공한다.

롯데카드(http://www.lottecard.co.kr/)는 유통 강자답게 롯데그룹 계열사들의 역량까지 총동원했다. 국민행복카드의 일반적인 기능 외에도 롯데 국민행복카드를 인증하면 다양한 홈페이지와 베이비페어 전시회(육아박람회)에서 혜택을 받을 수 있고 그룹 계열사에서 우대서비스도 제공된다.

3개 카드사가 각각 경쟁적으로 다양한 혜택을 제공하고 또 늘려가고 있는 만큼 바우처 사용이라는 기본 기능 외에 카드의 부가 혜택을 잘 활용해봄직 하다.

짭짤한 혜택 많은 국민행복카드

이왕 만든 국민행복카드, 최대한 혜택을 챙겨보자. 각 카드사마다 홈페이지에서 혜택을 자세히 설명하고 있지만 한 눈에 비교하기가 쉽지 않다. 주요 혜택을 정리해 본다.

BC카드의 경우 A타입을 선택하면 의료 업종 할인 외에도 주요 온라인 쇼핑몰 5% 청구할인(월 2회, 3만 원 이상 승인건 적용), 이동통신 자동이체 시 1000원 청구할인, 주요 패밀리레스토랑 10% 청구할인, 주요 커피 전문점 20% 청구할인 등의 혜택을 준다.

전국 시내버스, 지하철 5% 청구할인(월 1500원 한도)의 대중교통 혜택도 빼놓을 수 없다. 또 카드 특성에 맞춰 '딸기가 좋아' 키즈파크 매장 내 이용 시 5%를 청구할인(일 1회, 1만 원 이상 승인건 적용) 해준다.

B타입은 의료 업종 대신 어린이집과 유치원 학원 업종(정부지원금 제외)에서 5%가 청구할인(월 2회, 최대 2만 원 한도)된다. 또 아이들에 맞춰 주요 놀이공원 자유이용권을 50% 현장할인 해주기도 한다. 아이가 좀 큰 뒤에 적합하다.

C타입은 국내 가맹점, 대중교통 이용금액에 따라 0.2%에서 최대 4%까지의 에코머니 포인트를 적립해 줘 나중에 모아서 사용할 수 있다. 아이가 엄마와 함께 다닐 정도가 되면 딱 맞는 혜택이다.

삼성카드는 할인점, 홈쇼핑, 해외, 병원 등에서 사용금액에 대해 1%를 빅포인트로 적립해준다. 신세계백화점은 5%를 할인해주는데 이용실적에 따라 전자할인쿠폰을 월 2~5매를 제공하는 방식이다.

또 커피전문점, 파리바게뜨, 베스킨라빈스, 던킨도너츠 등에서 10%를 결제일 할인(청구할인) 해주고 유기농 식품을 주로 판매하는 초록마을에서도 5%를 할인받을 수 있다. 이외에 서점, 학습지, 문화센터 등에서도 5%를 할인해준다. 다만 부가 혜택을 받기 위해서는 전월 사용실적에 따른 통합 할인한도가 적용되기 때문에 참고해야 한다.

롯데카드는 쇼핑, 키즈, 헬스에 특화를 했다. 롯데마트(몰), 롯데홈쇼핑(아이몰), G마켓, 인터파크, 옥션, 베페몰, 제로투세븐, 아이맘, 파스퇴르몰 등에서 5%를 청구할인 해준다. 토이저러스 7개점(잠실점, 중계점, 평촌점, 천안아산점, 대구율하점, 수완점, VIC킨텍스점), 키자니아 잠실점 등에서는 30%의 청구할인 혜택을 받을 수 있다.

또 월 10만 원 내에서 병의원, 약국, 산후조리원 등의 업종에서 정부지원금을 제외한 나머지 금액에 대해 5% 청구할인 혜택을 주고 어린이집 보육료·유치원 유아학비 등도 정부지원금 외 10% 청구할인을 받을 수 있다. 시내버스, 지하철, 택시 등 대중교통 10% 청구할인, 이동통신요금 월 2000원 청구할인 등도 빼놓으면 안 된다.

박준뷰티랩, 박승철 헤어스투디오 등 건강과 미용 할인, 롯데월드 등 놀이공원 자유이용권 할인은 물론 롯데백화점 5% 할인 e-쿠폰, 롯데면세점 등 계열사 할인 또는 무이자할부 등도 매력적인 혜택이다.

참고로 롯데마트의 멤버십 서비스인 '다둥이클럽'은 아이가 둘 이상이어야 혜택을 주지만 롯데 국민행복카드 발급 고객에게는 같은 혜택을 적용해 줘 더욱 많은 할인을 받을 수 있다. 롯데마트 내 다둥이클럽 스티커가 붙어 있는 식음료 제품들을 싸게 살 수 있다.

아기 응급처치 방법

아기의 활동범위가 넓어지기 시작하면서 깜짝 놀라게 하는 상황이 발생하기도 한다. 당황하지 말고 천천히 대응하는 것이 가장 중요하다. 급할 경우 119나 1339 응급의료정보센터에서 도움을 받을 수 있다.

• 아기가 열이 나요

시원한 곳에 눕히고 보리차나 물을 주세요. 미지근한 물에 적신 수건으로 머리부터 아래쪽으로(이마→목) 닦아주세요.
아기가 추워해도 이불을 덮어주지 마세요. 열이 더 오를 수 있어요.
구토를 하면 얼굴을 옆으로 돌리고 거즈를 말아 어금니 사이에 끼워주세요.

• 아기가 침대에서 떨어졌어요

–아기가 의식이 흐려지는 경우, 경련을 하거나 심하게 토하는 경우, 10분 이상 울음을 멈추지 않는 경우, 외상을 입은 경우는 응급실에 꼭 가세요.
–의사의 처방 없이 약을 함부로 먹이지 마세요.

• 아기가 화상을 입었어요

화상 부위에 10분 이상 찬물을 흘려준 뒤 빨리 병원에 가야 해요.

화상 부위에는 아무 것도 바르지 마세요. 소독약은 물론이고 얼음도 사용하지 마세요.

화상 부위의 옷은 벗겨야 하지만 옷이 피부에 달라붙은 경우에는 무리하게 벗기지 마세요.

자료: 가천대학교 세 살마을

2장
출산부터 돌까지

국가 지원부터
먼저 챙기자

임신육아종합포털, 모든 것을 가르쳐 준다

우리나라는 수년째 경제협력개발기구(OECD) 기준 최저 출산율을 기록 중이다. 정상적인 부부생활을 영위하면서도 의도적으로 자녀를 두지 않는 맞벌이부부를 일컫는 '딩크족(DINK · Double Income, No Kids)'이라는 용어도 더 이상 낯설지 않다.

국가 경제를 지탱해야 할 인구 감소에 대한 우려가 커지면서 정부는 각종 육아 지원책을 쏟아내고 있다. 현명한 부모라면 이런 혜택을 꼼꼼하게 챙겨야 함은 물론이다.

가장 먼저 기억해야 할 전화번호는 전국 어디서나 국번 없이 '129' 번이다. 보건복지와 관련된 정보와 상담 서비스를 종합 제공하는 곳이다. 일반 상담은 평일 오전 9시부터 오후 6시까지며 위기상담은

365일 24시간 제공된다. 수화 상담도 가능하며 인터넷 전화(전화 070-7947-3745, 3746)를 이용할 수도 있다. 홈페이지(http://www.129.go.kr/)에도 많은 정보가 담겨 있다.

급한 상황에선 언제든 129를 이용해 상담이 가능하므로 아이를 키우는 부모라면 꼭 메모해둬야 할 전화번호다.

각종 정보가 제공되는 포털 사이트도 인터넷 '즐겨찾기'에 저장해둬야 한다. 임신육아종합포털 '아이사랑'(http://www.childcare.go.kr/)은 기존 아가사랑(http://agasarang.org/), 아이사랑 보육포털(http://childcare.go.kr/), 마음더하기 정책포털(http://momplus.mw.go.kr/) 세 곳이 통합된 육아 정보 종합 사이트다.

보육료 조회, 결제는 물론 다양한 정보가 제공되기 때문에 아이를 키우는 부모라면 필수적으로 알아둬야 하는 홈페이지기도 하다. 특히 아이사랑 포털은 임신, 출산, 육아, 어린이집으로 세부 항목을 나눠 시기에 맞춘 지원 혜택을 알려준다. 담당 의사 등 전문가들을 연계해 상담도 받을 수 있다.

2015년 10월 기준으로 보건복지부 등을 통해 정부에서 지원하는 복지 서비스는 총 19가지다. 가장 대표적으로 잘 알려진 복지 서비스는 의료급여(임신, 출산 진료비 지원)다. 의료급여 수급권자라면 누구나 임신, 출산 진료비로 50만 원을 받을 수 있다. 쌍둥이 이상 다태아의 경우 70만 원을 준다.

기초생활보장수급자 등의 저소득층은 1인당 60만 원의 해산비용과 함께 기저귀, 조제분유 등도 지원을 받을 수 있다. 여성장애인, 청소년

산모 등도 별도의 복지 서비스를 받을 수 있으므로 자신에게 해당되는 혜택을 잘 챙겨야 한다. 이외에도 아이사랑 포털에서는 각종 행사와, 교육 프로그램 정보를 제공하고 있어 참고할 만 하다.

지방자치단체도 출산율 제고를 위해 다양한 서비스를 실시하고 있다. 지역의 복지 서비스를 알아보려면 복지로 홈페이지(http://www. bokjiro.go.kr/)도 즐겨찾기에 저장해 두자. '우리동네 복지시설' 메뉴에서 위치정보를 통해 동네의 복지시설을 쉽게 찾아볼 수 있다.

예를 들어 부산시는 둘째 출산 시 20만 원의 출산지원금을 지급한다. 만약 해운대구에 살고 있다면 셋째 이상 자녀를 낳을 경우 연 120만 원(월 10만 원)의 지원금을 받을 수 있다. 지자체의 복지 정보는 해당 지자체의 복지 관련 부서나 사회복지관, 육아지원센터 등에서 확인하면 된다.

아이사랑 애플리케이션

국민연금 들었다면 둘째부턴 출산크레딧 받자

왠지 우리가 은퇴할 때는 제대로 못 받을 것 같아 내는 게 아까운 돈이 국민연금이다. 그런데 조금이나마 득을 볼 방법이 있다. 국민연금에 가입돼 있는 상태에서 둘째 아이를 가졌다면 국민연금공단(전화 1335, 홈페이지 http://www.nps.or.kr/)의 '국민연금 출산크레딧'을 받을 수 있다.

국민연금은 출산 장려 및 연금 수급기회 확대를 위해 둘째 이상 자녀를 출산한 국민연금 가입자에게 기간 추가 혜택을 준다. 지역 가입자 모두 혜택을 받을 수 있다.

지원받을 수 있는 법적인 자녀는 법률상 혼인 중에 출생한 자(친생자), 인지된 출생자, 양자, 양아버지나 새아버지의 성과 본을 따르는 양자, 입양된 자녀다. 2008년 이후 둘째 이상의 자녀를 출산한 가입자여야 한다.

둘째의 경우에는 12개월을 더해주지만 셋째 이상인 경우에는 12개월에 2자녀를 초과하는 1인마다 18개월을 추가해 준다. 만약 세쌍둥이를 낳았다면 30개월을 추가로 받을 수 있는 셈이다. 넷째는 48개월, 다섯째 이상은 최대 50개월까지 인정해준다. 가입기간이 늘어나는 만큼 당연히 수급금액도 늘어난다.

출산크레딧은 신청 즉시 바로 혜택을 보는 것이 아니라 가입기간

10년 이상으로 60세 이상에 도달할 경우 연금수급권이 발생될 때 혜택을 받는다. 보통 국민연금을 받으려면 10년, 즉 120개월은 최소 납부를 해야 한다.

만약 아이가 셋인 상황에서 출산크레딧을 신청하면 국민연금을 120개월에서 30개월을 뺀 나머지 90개월만 납부하면 연금수령이 가능한 것이다. 아이가 둘 이상이면 무조건 신청해 이득을 보도록 하자.

서비스를 받기 위해서는 가까운 국민연금공단 지사를 방문하거나 우편, 인터넷 등으로 신청하면 된다. 국민연금공단은 신청자의 사실조사 및 심사를 거쳐 출산크레딧을 부여한다.

저소득 가구는 국세청 자녀장려금 '쏠쏠'

저소득 가구라면 국세청이 지원하는 자녀장려금도 쏠쏠하다. 국세청은 임신과 출산을 장려하고 저소득 가구의 자녀양육 부담을 경감하기 위해 2015년부터 총소득 4000만 원 미만이면서 부양자녀(18세 미만)가 있는 경우 자녀 1명당 최대 50만 원의 자녀장려금을 지급한다.

자녀장려금은 총급여액 등을 기준으로 가구원 구성에 따라 계산하도록 돼 있다. 총급여액 등을 구간별로 작성한 자녀장려금 산정표를 적용해 결정한다. 다만 기초생활보장법에 의한 생계급여를 2015년 3월 중에 받은 경우에는 자녀장려금을 지급하지 않는다.

외벌이 가족가구의 경우 총급여액 등이 2100만 원 미만일 경우 자녀당 50만 원, 그 이상부터 4000만 원 미만일 경우 별도의 계산식에 의해 장려금이 결정된다. 맞벌이일 경우 총급여액 등이 2500만 원 미만일 경우 50만 원을 받을 수 있다.

자격요건은 비교적 까다롭다. 먼저 소득기준에 맞아야 한다. 부부 합산 연간 총소득의 합계액이 4000만 원 미만이어야 하는데 총소득은 사업소득, 근로소득, 기타소득, 이자·배당·연금소득을 모두 합산한 금액이다.

2014년 6월 1일 기준으로 가구원 모두가 무주택이거나 주택을 1채만 소유하고 있어야 하고 가구원 모두가 소유하고 있는 재산합계액이 1억 4000만 원 미만이어야 한다. 재산에는 주택, 토지 및 건축물, 승용자동차, 전세금(임차보증금), 금융재산, 유가증권, 골프회원권, 부동산을 취득할 수 있는 권리 등을 모두 포함한다.

부양자녀는 2014년 12월 31일 기준으로 만 18세 미만이어야 하며 입양자도 해당된다. 부모가 없거나 부모가 자녀를 부양할 수 없는 일정한 경우 손자녀·형제자매를 부양자녀 범위에 넣을 수 있다. 부양자녀의 연간 소득금액 합계액도 100만 원 이하여야 한다. 근로자뿐만 아니라 자영업자도 기준에 해당될 경우 자녀장려금 신청이 가능하다.

매년 5월 한 달간(2015년 5월 1일~6월 1일) 신청을 해야 하며 기한 후 6개월 이내에는 기한 후 신청이 가능하나 장려금의 10%가 감액 지급된다.

해당 대상자일 경우 국세청에서 안내문을 발송하거나 휴대전화로 알려준다. 혹 해당자임에도 안내문을 받지 못했다면 국세청 홈택스 홈페이지(http://www.hometax.go.kr/)를 통해 신청하거나 세무서를 방문해 상담을 받을 수 있다. 문의는 ARS(전화 1544-9944)로 하면 된다.

국세청에서는 소득증명 서류들을 확인한 후 심사를 거쳐 장려금 지급이 결정된 경우 9월 말까지 신청서에 기재한 본인의 계좌로 입금해 준다. 장려금 수령계좌를 기재하지 않은 경우에는 장려금 환급통지서를 우편으로 주소지로 보내주며 환급통지서(신분증 포함)를 우체국에 제출해 현금을 수령할 수 있다.

정부가 세금으로 장려금을 지급하는 사업인 만큼 부정한 방법으로 받을 경우 장려금을 추징당하고 추후 일정 기간 동안 장려금을 받을 수 없다. 사기 · 기타 부정한 방법으로 수령할 경우 조세범처벌법이 정하는 바에 따라 징역 또는 벌금 등의 처벌도 받을 수 있어 본인의 소득과 재산을 정확히 확인해야 한다.

가구원 구성에 따른 총급여액 등 및 자녀장려금 지급액

구분	총급여액 등	자녀장려금
홑벌이 가족가구	2100만 원 미만	부양자녀 수 × 50만 원
	2100만 원 이상 ~ 4000만 원 미만	부양자녀 수 × [50만 원−(총급여액 등−2100만 원) ×1900분의 20]
맞벌이 가족가구	2500만 원 미만	부양자녀 수 × 50만 원
	2500만 원 이상 ~ 4000만 원 미만	부양자녀 수 × [50만 원−(총급여액 등−2500만 원) ×1500분의 20]

홑벌이 가족가구 : 배우자 또는 부양자녀가 있는 가구로서 맞벌이 가족가구가 아닌 가구
맞벌이 가족가구 : 전년도 연간 거주자와 배우자 각각의 총급여액 등이 300만 원 이상인 가구단독가구인 경우 (만 60세 이상인 경우)의 근로장려금

정부 의료 지원 꼼꼼하게 챙기자

임신, 출산 과정에서는 생각보다 의료비 지출이 많다. 임신부와 아이를 위한 각종 검사, 해산비용 등은 젊은 부부에게 부담이 될 수밖에 없다.

정부는 다양한 복지 서비스를 통해 각종 비용을 지원해주고 있다. 먼저 확인해둬야 할 서비스는 건강검진이다. 의료급여 수급권자 중 만 6세 미만의 모든 영유아가 대상이다.

성장 이상, 발달 이상, 비만, 안전사고, 영아 급사 증후군, 청각이상, 시각이상, 치아 우식증 등을 4개월, 9개월, 18개월, 30개월, 42개월, 54개월, 66개월 주기로 총 7차례 검진을 해준다. 18개월, 42개월, 54개월 때 건강검진에서는 구강검진도 함께 받을 수 있다.

영·유아 건강검진 항목은 각 월령에 특화된 문진(시각·청각 문진 포함)과 진찰, 신체계측(신장·체중·두위)을 공통으로 실시하며 2~3종의 건강교육과 발달평가 및 상담(4개월 제외)을 지원한다.

대상자는 국민건강보험공단에서 선정하며 문의는 국민건강보험공단(전화 1577-1000, 홈페이지 http://www.nhis.or.kr/)로 하면 된다. 보건복지부 콜센터(전화 129)에서도 상담을 받을 수 있다.

영유아 건강검진표는 공단에서 직장가입자 및 세대주 주민등록주소지로 우편 발송해주며 전국 영유아 검진기관에서 검진을 받을 수 있다. 건강검진 결과는 검진완료 후 수검자의 보호자에게 직접 통보해준다.

초보 아빠엄마를 위한
똑똑한 재테크

만약 난임 부부라면 먼저 '난임 부부 시술비 지원' 사업을 확인하자. 법적 혼인상태의 난임 부부로 난임 시술을 요하는 의사의 진단서를 제출한 자를 대상으로 지원된다.

체외수정의 경우 신선 배아 시술 시 회당 190만 원(기초수급자는 300만 원) 범위 내에서 총 3회 지원된다. 동결 배아 시술 시는 회당 60만 원 범위 내에서 총 3회 지원을 받을 수 있다.

동결 배아가 발생하지 않을 경우에는 신선 배아로 4회 지원된다. 인공수정으로 시술 시에는 회당 50만 원 범위 내에서 최대 3회까지 혜택을 받을 수 있다.

접수일 기준 부인의 연령이 만 44세 이하여야 하며 전국가구 월평균 소득의 150% 이하인 자가 대상이 된다. 서비스를 받으려면 시 · 군 · 구 및 보건소에서 신청을 하면 된다.

민약 신생아가 미숙아기나 선천성이싱아라면 치료에 들어가는 의료비를 받을 수 있다. 미숙아는 체중별 최고 1000만 원까지, 선천성이상아는 최고 500만 원까지 지원된다.

대상에 선정되려면 전국가구 월평균 소득의 150% 이하 가구여야 한다는 기준이 있지만 셋째아 이상 출생아가 미숙아 및 선천성 이상아인 경우에는 소득수준에 관계없이 지원된다. 원칙은 정해져 있지만 시 · 도지사 또는 시장 · 군수 · 구청장(보건소장)이 추가지원이 필요하다고 인정한 경우 예산의 범위 내에서 지원을 받을 수 있으므로 일단 상담을 받아보는 게 좋다.

이외에도 저소득층 가구는 신생아 난청진단 의료비 지원, 출산 요양비 지원을 받을 수 있다. 여성 장애인(1~6급)일 경우 출산(유산 또는 사산 포함)시 태아 1인 기준 100만 원이 지원된다.

만 18세 이하의 청소년산모는 국민행복카드를 통해 임신 1회당 의료비를 120만 원 지원받는다. 신청은 우리카드(전화 02-6968-3456, 홈페이지 http://card.wooribank.com)에서 하면 된다.

전문교육을 받은 산모·신생아 건강관리사가 출산 가정을 방문해 산모의 건강회복을 돕고, 신생아를 보살펴 출산 가정의 경제적 부담을 덜어 주는 산모·신생아 건강관리 지원사업도 있다.

산모 및 배우자의 건강보험료 본인부담금 합산액이 전국가구 월평균 소득의 65% 이하이며 출산(예정)일 전 40일 또는 출산 후 30일 이내에 있는 산모가 지원받는다. 단태아 산모는 2주(12일), 쌍생아는 3주(18일), 3태아 이상 산모는 4주(24일), 장애등급 2급 이상의 중증 장애 산모는 4주(24일)간 가정방문 서비스 이용권을 받을 수 있다.

신청기간은 출산 예정일 40일 전부터 출산일로부터 30일까지며 산모의 주민등록 주소지 보건소를 방문하면 된다. 소득수준에 따라 본인부담금이 나올 수 있으므로 미리 체크해야 한다.

의료비는 아니지만 '모성보호육아지원(출산전후휴가 급여, 육아휴직 급여)'도 알아둬야 한다. 출산 전후에 휴가급여와 육아휴직급여, 육아기 근로시간 단축급여를 제공해 출산으로 인한 직장 여성의 이직을 방지하고 사업주의 여성 고용기피 요인을 해소하기 위한 고용노동부의 복지 서비스다.

출산전후휴가 급여로 통상임금의 100%를 지급하고 육아휴직 급여로 50만 원에서 100만 원까지 육아휴직기간 통상임금의 40%를 지급해 준다. 이 급여를 받으려면 고용노동부 고객상담센터(전화 국번없이 1350, 홈페이지 http://www.moel.go.kr/)에서 문의하면 된다.

검진시기별 검진항목

검진시기			항 목
4개월	건강검진	생후4~6개월	문진 및 진찰, 신체계측, 건강교육
9개월	건강검진	생후9~12개월	문진 및 진찰, 신체계측, 발달선별검사 및 상담, 건강교육
18개월	건강검진	생후18~24개월	문진 및 진찰, 신체계측, 발달선별검사 및 상담, 건강교육
	구강검진	생후18~29개월	구강문진 및 진찰, 구강보건교육
30개월	건강검진	생후30~36개월	문진 및 진찰, 신체계측, 발달선별검사 및 상담, 건강교육
42개월	건강검진	생후42~48개월	문진 및 진찰, 신체계측, 발달선별검사 및 상담, 건강교육
	구강검진	생후42~53개월	구강문진 및 진찰, 구강보건교육
54개월	건강검진	생후54~60개월	문진 및 진찰, 신체계측, 발달선별검사 및 상담, 건강교육
	구강검진	생후54~65개월	구강문진 및 진찰, 구강보건교육

66개월	건강검진	생후66~71개월	문진 및 진찰, 신체계측, 발달선별검사 및 상담, 건강교육

건강검진 항목별 검진방법

검진항목	검진방법
문진 및 진찰	문진표, 진찰, 청각 및 시각문진, 시력검사
신체계측	키, 몸무게(체질량지수), 머리둘레
건강교육	영양, 수면, 안전, 구강, 대소변가리기, 정서 및 사회성, 개인위생, 취학준비 등 교육
발달평가	한국영유아발달선별검사(K-DST)도구에 의한 검사 및 상담

구강검진 항목별 검진방법

검진항목	검진방법
구강문진 및 진찰	구강문진표 및 진찰
구강보건교육	메뉴얼을 이용한 보호자 및 유아 구강보건교육

바우처 제도 알아두면 도움 된다

민간 복지 차원에서 시행되고 있는 바우처 제도가 있다. 이 제도는 정부가 수요자에게 쿠폰을 지급해 원하는 공급자를 선택하도록 하고 공급자가 수요자로부터 받은 쿠폰을 제시하면 정부가 재정을 지원하는 방식을 말한다. 바우처는 상품이나 서비스를 구매할 수 있는 일종의 쿠폰인 셈이다.

원래 바우처 제도는 미국의 학교 바우처 제도가 사실상의 효시다. 공립·사립을 불문하고 학생이 다니는 학교에 재정이 투입되는 제도다. 만약 학생이 사립학교에 가고자 할 경우 공립학교에 지원되는 만큼의 돈을 학생이 다니는 사립학교에 지원한다. 형식상으로는 학생은 정부로부터 바우처를 받아 사립학교에 등록금 대신 납부하고 사립학교는 정부에 바우처를 제출, 재정을 지원받는 방식이다.

학생들과 학부모에게 교육의 선택권을 부여해 학교가 서로 경쟁하도록 만들면 보다 양질의 교육을 제공할 수 있다는 개념에서 시작됐다. 바우처는 기업의 마케팅 개념으로도 활용됐지만 최근 세계 각국 정부는 바우처 제도를 사회 서비스에 도입하고 있다. 저소득층이나 사회 소외계층에서 교육, 주택, 보건.의료, 문화, 고용, 환경 등의 복지 서비스를 제공할 때 제도가 활용된다.

국내 바우처 제도는 노인·장애인·임산부 등 취약계층을 주 대상으로 한다.

2015년 보건복지부의 주요 9개 사업
- 노인돌봄종합서비스
- 장애인활동지원사업

- 산모/신생아건강관리지원 사업
- 지역사회서비스투자사업
- 가사간병방문관리지원사업
- 발달재활서비스
- 언어발달지원사업
- 발달장애인부모상담서비스
- 임신출산진료비지원제도
- 청소년산모임신출산의료비
- 기저귀/조제분유지원사업 등이 있다.

이외에도 저소득 계층을 위한 문화 바우처(문화체육관광부 주관)와 주택 바우처(국토교통부 주관) 등이 시행 중이다. 더 자세한 사항은 '사회서비스 전자 바우처 홈페이지(http://www.socialservice.or.kr/)'를 비롯한 각 기관 홈페이지에서 확인할 수 있다.

특히 우리나라는 전자 바우처 시스템을 갖춰 이용 가능한 서비스의 금액이나 수량이 기재된 증표(이용권)로 서비스 신청, 이용, 비용 지불/정산 등의 전 과정을 전산시스템으로 처리하도록 한다.

기존 사회복지 서비스는 공급자 지원방식으로 이뤄져 수요자의 선택권이 제한돼 시장 창출에 한계가 있었다. 정부는 이런 한계를 극복하고 자금흐름의 투명성, 업무 효율성 확보, 정보 집적 관리를 통한 사회 서비스 발전기반 마련을 위해 전자 바우처를 도입했다. 처리에 1~2개월씩 걸리던 종이 바우처에서 전자 바우처로 전환되며 처리 기간도 10일 이내로 줄었고 사업 실적도 즉시 파악돼 행정 지원도 더욱 편리해졌다.

예를 들어 맞벌이 부부를 위한 시간제 어린이집의 보육료는 바우처 형태로 지원된다. 산모·신생아 건강관리사 지원 사업은 저소득 출산 가정에 바우처를 지급해 일정기간 동안 산모와 신생아가 건강관리를 받을 수 있도록 하는 것이 제도의 골자다.

가족관계증명서 들고
은행 가자

은행에서 통장 만드는데 돈을 준다고?

아이가 건강하게 태어났다면 이제 진정한 재테크를 시작해야 한다. 보험은 사고나 질병에 대응하기 위한 목적이 더 크다. 뒤에서 자세히 설명하겠지만 일단 은행 통장을 만들어 두는 게 앞으로의 재테크 준비에 있어 기본이다. 우리나라에 대형 은행들이 많지만 이왕이면 혜택을 더 많이 받을 수 있는 은행을 고르는 것도 중요하다.

인구보건복지협회(http://www.ppfk.or.kr/)는 우리은행, 기업은행과 손을 잡고 2009년 1월 1일 이후 출생한 아이 중 생애 처음으로 통장을 만드는 아이에게 1만 원 바우처를 제공한다. 5세가 넘으면 받을 수 없기 때문에 태어난 뒤 곧바로 신청하는 게 좋다. 두 은행 모두에서는 받을 수 없고 앞으로 아이가 주로 쓰게 될 한 은행을 선택해 바우처를 발급받으면 된다. 발행된 바우처 쿠폰은 신청 은행에서 즉시 이용할 수 있다.

　우리은행은 홈페이지(https://www.woooribank.com/)에서 '전체서비스 →고객광장→금융서비스→우리아가사랑쿠폰' 메뉴로 들어가면 된다. 홈페이지에서 아이의 생년월일과 이름, 휴대폰 번호를 입력하면 쿠폰이 발급되고 휴대폰 문자메시지로도 쿠폰번호를 남겨줘 편리하다.

　우리은행 바우처는 '유후와 친구들' 애니메이션의 캐릭터를 이용한 유후통장(예금), 유후적금, 유후주택청약종합저축에 가입할 때 사용할 수 있다. 이중에서 청약통장은 매월 2만 원 이상 입금이 기본이다. 만약 청약통장에 바우처를 이용한다면 개설할 때는 바우처가 적용돼 1만 원만 입금하면 되지만 이후부터는 월 2만 원 이상 입금을 해야 하고 출금은 해지 시에만 할 수 있으니 유의해야 한다.

　기업은행은 별도의 홈페이지(http://www.ibkkids.com/)로 들어가 아이의 생년월일과 이름 정보를 입력하면 별도의 쿠폰 출력 창이 뜬다. 이를 프린트해서 기업은행 지점으로 가면 된다. 바우처는 기업은행의 주택청약종합저축, IBK새잎(Safe)적금, IBK탄생기쁨 통장 개설 시 적용받을 수 있다.

　두 은행 중 한 은행을 선택했다면 필요한 서류들을 준비해야 한다. 신분증(부모 또는 법적대리인), 가족관계 확인서류(주민등록등본 또는 가족관계증명서 등), 통장을 만들기 위한 도장이 필요하다.

　만약 가족관계 확인서류 상 법정대리인(친권자) 확인이 어려운 경우 기본증명서를 지참해야 한다. 단, 발급일로부터 3개월 이내만 유효하다. 가끔 가족 증명 서류로 건강보험증을 지참하기도 하는데 보험증으로는 절대 발급이 되지 않는다. 13자리의 주민등록번호가 모두 나와 있어야 하기 때문이다. 꼭 참고해 미리 가족 관계 서류를 준비해야 한다.

참고로 이 서류들은 모두 주민센터에서 발급을 받을 수 있다. 주민등록등본은 인터넷에서 무료 발급이 가능하다. 정부가 운영하는 민원포털 홈페이지(http://www.minwon.go.kr/) 내 '민원신청'에서 무료로 신청한 뒤 출력해서 지참하면 된다.

서류들을 모두 준비했다면 해당 은행 지점에 가서 아이의 생애 첫 통장을 만들기 위해 방문했다고 하면 쉽게 설명을 해준다. 서류를 제출하고 통장개설 신청서를 작성한 뒤 1만 원 바우처를 개설한 통장에 넣어달라고 하면 1만 원이 입금된 통장을 받을 수 있다.

큰 금액은 아닐 지라도 아이가 태어나자마자 나라에서부터 지원을 받았다고 생각하면 왠지 마음이 든든해지기도 한다. 더 자세한 내용은 우리은행 스마트고객센터(전화 1588-5000, 1599-5000), 기업은행 고객센터(전화 1566-2566, 1588-2588)로 문의하면 된다.

참고로 시중 은행들은 해당 은행에 최초로 가입하는 고객을 유치한 직원에게 직원평가점수를 많이 준다. 생애 첫 통장에다 적금 통장 등도 만든다고 하면 해당 직원 입장에서는 껑충 뛰며 반길 일이다. 애기들이 좋아할만한 돼지 저금통이나 애기들 용품 등도 고객 사은품으로 제공하니 넌지시 물어보고 챙길 수 있는 건 챙기자.

우리아가사랑바우쳐

기업은행금융바우처

우리아가사랑쿠폰발급

기업은행첫통장만들기

꼭 만들어야 하는 애기 통장 3개

은행 통장에는 여러 가지가 있다. 가장 기본이 되며 언제든 돈을 넣고 뺄 수 있는 자유 입출금식 예금통장, 목돈을 한 번에 일정기간 동안 예치해 두는 정기예금통장, 매월 일정 금액을 입금하는 적금통장, 주택(아파트) 청약을 위한 청약저축 등이다.

아이의 미래를 위해 최소 3개의 통장 개설을 권한다. 먼저 자유 입출금식 예금통장이다. 주요 은행들은 대부분 아이들을 위한 통장을 판매하고 있다. 예를 들어 KB국민은행은 다양한 혜택을 얹어 'KB주니어라이프통장'을 내놨다.

이 통장은 만 18세 미만의 개인에게 1개의 통장만 개설이 가능하다. 어린이 및 청소년의 금융거래 니즈를 반영한 우대금리, 수수료 면제, 매월 쓰고 남은 용돈은 'KB주니어라이프적금'으로 이체하는 스윙(Swing, 자동전환) 서비스 등을 제공한다.

비과세종합저축으로 가입 가능하며 결산기 평균잔액 50만 원 이하의 금액에 대해서는 실적 기준에 따라 최고 연 2.0%의 우대금리를 적용해준다. 거래 기준에 따라 전자금융(인터넷/스마트기기/텔레뱅킹)/자동화기기(ATM) 수수료도 면제해줘 세뱃돈이나 용돈을 받을 때마다 저축할 수 있다.

신한은행의 '신한 키즈플러스+ 통장'은 만 12세 이하의 고객만을 대상으로 하는 자녀들용 자유 입출식 예금통장이다. 선물공룡인 '디보' 캐릭터로 통장을 꾸몄고 일정요건 충족 시 신한은행 ATM 수수료도 면제해준다.

일정 금액 이상 또는 일정 날짜의 잔액을 고객이 지정하는 적금으로 스윙해주는 서비스도 신청 가능하며 휴대폰 번호 등으로 평생계좌번호를 지정하면 입금 시 실계좌번호가 아닌 지정번호로 편리하게 이체할 수 있다. 또 인터넷뱅킹을 통해 이체할 경우 통장표시내용 외에 격언 또는 자녀에게 하고 싶은 문장을 최대 30자까지 기록할 수 있는 '통장 메모 서비스'도 눈길을 끈다.

우리은행의 '우리유후통장'은 패키지상품(적금, 정기예금, IC카드)을 함께 가입하면 각종 수수료 면제 등 혜택이 있다. ATM 등에서 쓸 수 있는 유후IC카드도 우리유후통장에서 연결 발급 가능하며 발급수수료는 공짜다.

어린이적금으로 자동이체하면 우대혜택이 제공되는 '어린이통장'도 판매 중이다. 만 13세 이하만 가입 가능하며 통장으로 3만 원 이상 입금 실적이 있거나 어린이적금으로 3만 원 이상 이체 실적이 있으면 ATM 수수료가 월 5회까지 면제되고 전자금융 수수료도 면제받을 수 있다.

NH농협은행의 입출식 상품인 '후토스 어린이 통장'은 만 13세 이하 1인 1계좌 개인 명의로만 가입할 수 있다. 일별 잔액이 100만 원까지는 연 2.0%의 기본금리를 주고 100만 원 초과한 금액은 연 0.1%의 금리가 적용된다. 만약 입출식 상품과 적립식 적금을 함께 가입하면 0.5%포인트의 우대금리도 준다.

가입시점을 기준으로 예금주의 장래 희망을 통장사용 기간 동안 계속 새겨주는 게 특징이다. 일별 잔액 100만 원을 초과하는 금액 중 고객이 지정한 일정 금액을 일정 날짜에 적립식 통장으로 자동적립해주는 스윙서비스도 있다.

다음 만들 통장은 적금 통장이다. 적금통장 개설 전에 확인해야 할 것은 가입기간과 금리(만기이자)다. 적금은 통상 6개월, 12개월, 24개월, 36개월로 가입 가능하며 일부 은행에서는 60개월짜리 상품도 판다.

일반적으로는 적금 가입기간을 길게 잡는 것을 추천한다. 가입기간이 길수록 약정금리가 높고 중간에 입금을 못하더라도 이자가 줄어드는 것 외엔 별다른 불이익이 없기 때문이다.

그러나 금리가 인상될 것으로 예상한다면 가입기간을 짧게 잡아야 한다. 시중금리가 인상되면 적금금리도 오르게 되는데 기존에 들어놓은 적금은 상대적으로 손해를 볼 수 있기 때문이다.

아이를 위한 적금이기에 굳이 깰 이유는 없지만 혹여나 급한 상황이 발생할 수 있을 것 같다면 역시 가입기간을 짧게 잡아두는 게 좋다. 가입기간을 길게 잡았다가 중간에 적금을 깨면 약속된 이자를 받을 수 없다.

여건이 허락된다면 12개월로 가입해 만기를 채우면 원금과 이자를 모두 정기예금통장에 넣고 또 다시 새 적금을 시작하는 것도 현명한 방법이다.

또 적금통장은 여러 개로 나눠 가입하는 게 추후 해지를 해야 할 경우에 유리하다. 100만 원짜리 적금을 들 때나 20만 원 2개, 30만 원 2

개로 나눠 가입할 경우에도 이자는 거의 똑같다. 목돈이 필요할 경우 일부만 해지하는 등의 방법으로 이자 손실을 줄일 수 있다.

또 참고로 알아둘 것은 적금의 이자가 붙는 시스템이다. 예를 들어 A씨가 연 2%의 금리에 월 10만 원 짜리로 1년간 넣기로 했다고 가정하자. 첫 달 10만 원을 납입하면 이 돈은 만기인 12개월 뒤까지 머물게 된다. 이 10만 원은 약속된 2%의 이자를 모두 받게 된다.

이어 두 번째 달 10만 원을 또 납입했다. 이 돈은 만기까지 11개월만 통장에 있게 된다. 이 10만 원의 이자는 2%가 아니라 2%의 11/12가 되는 것이다. 이렇게 계산 하면 마지막 12번째 납입한 10만 원의 이자는 2%의 1/12인 1천666원 정도가 된다. 즉 마지막 달에 10만 원을 못 넣더라도 손해 보는 이자는 1천666원 정도인 셈이다.

적금을 만들 때 초반에는 가능한 정해진 날짜에 납입을 하되 뒤로 갈수록 이자가 줄어들게 되므로 사정이 어렵다면 뒤에는 납입을 하지 않아도 큰 손해가 없다는 점을 기억해두자.

주요 은행들은 대부분 여러 가지의 적금상품을 판매하고 있다. 신한은행의 '신한 아이행복 적금'은 영유아의 목적자금 마련과 장애아동의 자립을 지원하는 적립식상품이다. 1년제 자유적립식적금으로 총 4회 자동 재예치가 가능한 게 특징이다. 기본금리는 연 1.3%지만 우대요건을 충족할 경우 최고 연 0.7%의 금리가 가산되고 가입금액은 1000원부터 20만 원까지 가능하다. 이자는 만기에 일시지급되며 비과세종합저축으로 가입도 된다.

KB국민은행의 'KB주니어라이프적금'은 자녀의 미래를 위해 목돈을 마련해줄 수 있고 다양한 우대이율과 부가서비스를 받을 수 있는 유소년 전용 적금상품이다.

가입대상은 만 18세 미만 개인으로 1인 1통장, 개인사업자 및 임의 단체는 가입이 불가하다. 계약기간은 1년이지만 가입 시 등 재예치를 신청하는 경우 1년마다 자동으로 재예치된다.

만 20세가 되는 해에 계약기간 만기일이 도래하는 경우 비과세종합저축 한도 초과 계좌, 압류 또는 사고신고, 질권설정 등 법적 지급제한 계좌, 최초 가입 후 또는 재예치 후 추가 저축이 없는 계좌, 만기 자동재예치를 신청하지 않은 계좌는 재예치가 불가하다.

저축방법은 첫 회 10만 원 이상 1000원 단위, 2회차 이후 3만 원 이상 1000원 단위로 월별 최대 500만 원까지 자유롭게 저축가능하다.

참고로 재예치된 계좌의 재예치금(이자원가액 포함) 중 100만 원을 제외한 금액 범위 내에서 계약기간 중 1회에 한해 1만 원 단위로 분할인출할 수도 있다.

12개월 가입 기준 금리는 연 1.70%다. KB주니어라이프통장을 보유하고 있거나 재예치, 가족 3명이 KB국민은행 고객일 경우 등의 우대를 받으면 최고 연 2.6%까지 금리가 올라간다.

부가적인 서비스도 많다. 보험가입을 동의할 경우 자녀안심 보험서비스로 '동부화재 프로미고객사랑보험'에 무료로 가입해준다. 어학원 등을 운영하는 '리틀팍스(http://www.littlefox.co.kr/)'는 이 적금 고객에게 회비를 20% 할인해준다.

우리은행의 '우리유후적금'은 12개월 회전식으로 최소 1년에서 최장 5년까지 가입이 가능하다. 월 100만 원 한도 범위 내에서 납입할 수 있다. 통장 이름을 장래희망으로 지정할 수 있다는 특징이 있다. 부모와 자녀 동시 가입 시 연 0.1%p, 우리유후통장에서 자동이체 등록 시 연 0.1%p 등의 조건을 충족하면 우대금리가 적용된다.

이와 함께 우리은행은 부모가 '좋은 엄마아빠 적금'을, 자녀는 '어린이 적금'을 함께 가입하면 우대 금리를 제공하는 이색적인 상품도 판매 중이다.

KEB하나은행의 '꿈나무 적금'은 자유적립식 상호부금 형태로, 가입 기간에 따라 금리가 다르다. 1년 이상일 경우 연 1.9%, 2년 이상은 연 2.0%, 3년제는 연 2.1%로, 기간이 길어질수록 금리가 높아지는 구조다. 만기는 월단위로 지정할 수 있으며 최저납입금액은 1원 이상인데, 1개월 납입한도는 50만 원 이내여야 한다.

또 가입기간 내 일정 횟수 이상 납입하면 연 0.2% 금리를 우내해주고 주택청약종합저축 등에 가입해도 금리를 더 얹어준다. 가입기간 중 만기해지 포함 총 3회 분할 인출이 가능하며 이 경우 중도해지 이율이 적용된다. 자동재예치 신청 시 3년 단위로 만 18세까지 자동으로 다시 예치된다. 라임 사이버문화센터 온라인/모바일 무료교육(어학, 교양, 건강, 요리 등) 혜택도 제공한다.

NH농협은행의 '후토스 어린이 적금'은 만 13세 이하 개인만 가입 가능한 어린이용 상품으로 입출식 통장도 함께 만들어야 한다. 적금은 1년 이상 연단위로 최대 17년 이내에 만 17세 도래일까지 가입을 할 수 있다. 월불입금은 100만 원 이내에서 1000원 이상 원단위로 자유롭게 저축할 수 있으며 1년제 자유로우대적금 이율에 연동된다. 현재는 연 2.5% 정도다.

여기에 스윙연결, 가입기간 중 졸업 및 입학 축하로 우대금리를 일부 받을 수 있으며 적금 가입기간 동안 매년 갱신되는 '키다리상해공제'에 무료로 가입을 해준다. 공제 갱신 전 1년간 적금 불입액이 20만 원 미만인 경우는 만기까지 추가 갱신이 불가하다.

마지막으로 만들어야 할 통장은 주택청약종합저축이다. 일명 '만능 청약통장'이라고도 부른다. 당장 아이가 청약을 넣지는 않겠지만 쏠쏠한 이자와 함께 미래를 대비한다는 차원에서 무조건 만들어두는 게 좋다. 청약통장에 대한 자세한 설명은 3장에서 자세히 다루게 된다.

국민은행 입출금(키즈)

국민은행 적립식(키즈)

농협 어린이 적금

농협 어린이 입출금

신한은행 키즈플러스

우리은행 입출식전용

우리은행 저축성통장

하나 어린이 입출금 통장

우리은행 어린이 펀드 통장

하나 어린이 적립식 통장

출산부터 돌까지

어린이보험 다시 보기 노하우

출생신고가 끝나 아이의 주민등록번호가 나왔다면 아이 명의의 통장을 만드는 것도 중요하지만 태아보험을 가입한 보험사에도 한번 들러야 된다. '태아등재'를 해야 하기 때문이다.

태아보험으로 일컫는 어린이보험은 태아 상태에서 가입하기 때문에 보험증권상에 태아로만 기재돼 있고, 성별도 주민등록번호도 없이 가입했었을 것이다. 아이의 이름과 주민등록번호를 등재해 피보험자 (보험 대상자)를 명확하게 하는 과정이다.

태아보험의 경우 남자 아이와 여자 아이 중 보험료가 비싼 남자 아이로 일단 보험료를 책정하게 된다. 따라서 여자 아이 출산 시 일부 보험료를 환급받을 수 있다.

또 태아 등재를 위해 보험사의 고객센터를 방문했을 때 최초 보험 가입 시 꼼꼼하게 따져보지 못한 점을 체크해 보는 것도 좋다. 특약을 적게 가입하거나 빼고 가입한 것은 없는지, 지금이라도 추가로 가입할 수 있는지 등을 문의해보고 다시 한 번 체크해보자.

예를 들어 처음 태아보험을 가입할 때는 태아와 신생아를 위한 각종 특약을 포함한다. 선천성기형 관련 특약 등이 대표적이다. 이 특약들은 통상 1년 기한으로 가입하게 된다. 즉 만 1세가 넘으면 이 특약들이 끝나 보험료가 줄어들게 된다.

이 줄어드는 보험료만큼을 다른 특약으로 추가하는 것을 추천한다. 이를 보험업종에서는 '중도부가'라고 표현한다. 만약 하루 입원비가 3

만 원이 나오도록 최초 설계를 했다면 월 보험료를 조금 더 추가해 하루 5만 원이 나오도록 하는 게 바로 중도부가다.

사실 특약 추가 비용은 예상보다 저렴하다. 자동차보험을 예로 들면 통상 대물한도를 1억 원으로 가입하는데 몇천 원만 더 보태면 대물한도를 3억 원으로 올릴 수 있다. 특히 요즘처럼 수입차가 넘쳐날 때 1년에 불과 몇천 원만 더 내면 마음 편히 운전할 수 있는 것이다.

아이들의 보험도 마찬가지다. 혹여나 사고나 질병에 따라 목돈이 들어갈 수 있어 가입하는 게 보험인데 불안하게 설계하지 말고 조금 더 보태 놓자. 훨씬 마음이 든든해질 수 있다.

또 최근에는 치아 관련 특약이나 보험 상품들도 많이 나오고 있다. 평범하고 건강하게 성장할 경우 아이에게 크게 목돈이 들어가는 상황은 흔치 않다. 예외는 바로 치아다.

특히 요즘처럼 외모에 신경을 쓰는 세대에서는 고르게 아이이 이가 나지 않을 경우 교정을 염두에 두는 경우가 많다. 성인이 된 후 교정은 효과도 크지 않을뿐더러 교정 비용도 상당히 비싸다. 사회생활에서도 많은 어려움을 겪을 수밖에 없다.

건강한 치아는 오복 중 하나라는 옛말도 있다. 여유가 있다면 치아 관련 특약은 해두는 것을 추천한다. 치아보장을 넣는 것에 대해서는 전문가들조차도 의견이 엇갈리는 것은 사실이다. 영구치가 나기 전인 아이 때는 크게 의미가 없다는 의견도 있다. 특약이 갱신형이어서 추후 보험료가 올라가고 구성에 따라 차이는 있지만 특약 자체가 통상 1만 원 내외 정도로 꽤 비싼 편이다.

그러나 충치만 생겨도 비용이 만만찮다. 어른처럼 주기적으로 양치질을 해도 이가 썩는데 아이는 더 말할 것도 없다. 생각보다 치과에 자주 가게 될 수도 있다. 참고로 치아 관련 특약은 통상 2세 이전에 추가해야 한다. 치아 특약은 여유가 된다면 포함하고 그렇지 않다면 제외한 뒤 추후 별도의 치아보험 가입도 고려해볼만하다.

일반적인 경우 아이의 치아보험을 별도로 들 때는 돌 이후 시점이나 혹은 유치가 빠지고 영구치가 나올 때 무렵이다. 이는 본인이 직접 소득과 비용을 판단해서 결정해야 한다.

치아보험 비교

가정양육수당은 기본 중의 기본

정부의 적극적인 홍보로 가정양육수당에 대해서는 들어봤을 것이다. 가정양육수당이란 아이가 어린이집에 다니지 않는 가구를 위한 정책이다. 보통 만 3세 이전의 어린 아이들은 어린이집에 보내지 않고 엄마나 할머니, 외할머니 등 가족이 돌보곤 한다.

물론 어린이집에 보내는데도 돈이 많이 들지만 집에서 키우는 것도 어린이집에서 키우는 것 만만치 않게 부담이 되는 게 사실이다.

정부에서는 아이를 어린이집이나 유치원에 보내지 않고 집에서 양육하는 엄마들을 위해 가정양육수당을 지원한다.

정부의 가정양육수당은 아이를 낳으면서 정부로부터 받을 수 있는 기본 중의 기본 혜택이다. 쉽게 말해 재산에 상관없이 아이를 낳고 나면 바로 무조건 받을 수 있는 혜택이다.

관련 법령에 따르면 만 5세 이하 아이를 어린이집, 유치원, 종일제 아이돌봄 서비스 등을 이용하지 않고 가정에서 양육하는 경우에는 소득수준에 관계없이 가정양육수당을 지원받을 수 있다.

일단 지원 금액부터 알아보자. 아이가 12개월 미만이면 월 20만 원, 24개월 미만이면 월 15만 원, 36개월 미만이면 월 10만 원, 36개월 이상부터 취학 전까지 월 10만 원을 받을 수 있는 게 바로 가정양육수당이다.

최대 84개월, 즉 아이의 출생년도에 플러스 6년인 해의 12월까지 지원을 받는다. 장애아동은 36개월 미만은 20만 원, 36개월에서 만 5

육아지원 서비스로
살림에 보탬 되자

세까지는 10만 원, 농어촌 아동은 연령에 따라 10만 원에서 20만 원까지 받을 수 있다.

이 수당은 매월 25일 지급되며 토요일, 공휴일인 경우 전일 수당이 나온다. 신청일이 급여개시일이 되며 신청 전으로 소급지원은 되지 않는다. 단 출생일로부터 2개월(출생일 포함 60일) 이내 양육수당을 신청한 경우에만 출생일로부터 소급지원을 받을 수 있다. 이는 출생신고서에 신청한 출생일을 기준으로 한다.

참고로 가정양육수당은 어린이집, 유치원 입소 아동, 0세아 종일제 아이돌봄 서비스 이용 시에는 중복지원이 불가능하니 유의해야 한다.

신청 방법은 다소 까다롭다. 가정양육수당을 신청하려면 아이의 주민등록상 주소지의 읍·면·동 주민센터를 방문하거나 복지로 홈페이지에서 해야 한다. 신청을 할 수 있는 신청권자는 부모, 친권자·후

견인, 그 밖에 아동을 사실상 보호하고 있는 자여야 한다.

구비해야 할 서류도 참고하자. 주민센터에서 사회복지서비스 및 급여 제공(변경)신청서는 받아서 작성하면 된다. 양육수당 입금계좌 통장사본(신청인 명의 통장) 1부가 필요하다. 신청인 명의 통장 개설이 불가능한 경우 아이 명의의 통장도 가능하다.

주민등록증, 운전면허증 등 신청자 신분증서와 신청자와 아동과의 관계를 입증할 수 있는 서류 1부가 있어야 한다. 농어촌 양육수당 신청 시에는 농업경영체등록확인서 또는 농업인확인서도 함께 지참해야 한다.

신청자 부모가 아닌 경우는 기타의 별도 증빙서류가 필요하기 때문에 보건복지부 콜센터(전화 129)나 유아학비 상담센터(전화 1544-0079), 또는 아이돌봄 지원서비스(전화 1577-2514)로 문의하면 된다.

가정양육수당은 매월 25일 현금으로 지급되며 시장·군수·구청상이 계좌적정성 확인 후 아동 또는 부모 등의 명의 계좌에 입금을 해준다.

어린이집은 '보육료지원'으로 보내자

한편 어린이집에 아이를 보낼 경우 정부는 어린이집에 양육수당보다 더 많은 지원을 해준다. 일명 '보육료 지원사업'이다. 어린이집에 아이를 보낼 때 결코 공짜가 아니라 정부에서 많은 돈을 들여 지원을 해주는 것이므로 어린이집 교사들에게 '을'의 입장이 될 필요는 없다.

2015년 3월부터 변경된 지원 금액은 만 0세 미만 아이는 월 40만 6000원, 만 1세 미만 아이는 35만 7000원, 만 2세 미만 아이는 29만 5000원, 만 3세 미만부터 5세 미만까지는 22만 원이다. 시·군·구 주민센터 혹은 복지로 홈페이지에서 신청하면 앞서 만들어둔 국민행복카드로 자동으로 매월 결제된다.

신청을 위해 주민센터 방문 시에는 사회복지서비스 및 급여제공(변경) 신청서, 사회복지서비스 이용권(바우처) 제공(변경) 신청서, 바우처카드 발급 신청 및 개인신용정보의 제공·이용 동의서, 카드연결계좌 통장 또는 통장사본 확인(제출은 불필요), 신청인 본인을 확인할 수 있는 신분증서를 준비해야 한다. 주민센터에서 필요할 경우 장애진단서, 혼인관계증명서, 난민인정증명서 등을 요청할 수도 있다.

참고로 어린이집과 유치원의 정보를 확인할 수 있는 시스템도 갖춰져 있다. 어린이집 정보공시 포털 홈페이지(http://info.childcare.go.kr/), 유치원 알리미 홈페이지(http://e-childschoolinfo.moe.go.kr/)에 접속하면 지역명 또는 기관명으로 쉽게 어린이집과 유치원을 검색할 수 있다. 기관의 현황, 교직원/원아 현황, 교육/보육과정, 원비 등의 정보를 통합해 비교할 수 있어 학부모의 선택의 폭을 넓혀 준다.

'시간연장형 보육료 지원사업'도 알아두자. 어린이집 이용 영유아에 대한 보육료 지원을 통해 부모의 자녀양육 부담경감 및 원활한 경제활동을 지원하기 위한 정책이다.

시간연장형 보육료 지원대상은 부모 소득수준에 상관없이 만 0세

초보 아빠엄마를 위한
똑똑한 재테크

가정양육수당

보건복지부 보육사업기획과

어린이집, 유치원 미이용아동 부모의 양육부담 경감

▣ 서비스 대상

1) 지원대상
  - 보육료나 유아학비 또는 종일제 아이돌봄 서비스를 지원받지 않고 가정에서 양육되는 모든 **영유아**ⓣ
2) 연령기준
  - 신청일 만5세이하 **영유아**ⓣ(0~84개월 미만)

▣ 선정기준 : 소득재산기준 없음

▣ 서비스 내용

1) 취학전 만 84개월 미만 월 10~20만원 지원
  - 12개월미만 : 20만원
  - 24개월미만 : 15만원
  - 24개월이상 ~ 84개월 미만 : 10만원
  ※ 장애아동ⓣ은 36개월미만 20만원, 36개월~만5세(최대84개월 미만) 10만원, 농어촌 **아동**ⓣⓔ은 연령별로 10~20만원

▣ 서비스 이용 및 신청방법

1) 신청방법 : 방문, 인터넷
  - 읍/면/동 주민센터
  - 복지로 사이트를 통한 온라인 신청(바로가기☞)

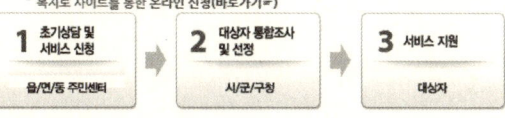

97

~2세 보육료, 만 3~5세 누리과정보육료, 다문화보육료 및 장애아보육료(취학전) 지원 아동을 원칙으로 한다. 야간보육료, 24시간 보육료는 24시간 지정 어린이집을 이용하는 경우만 지원 가능하다. 원장 겸 교사의 자녀에 대해서는 시간연장형 보육료를 지원하지 않는다.

시간연장형 보육료의 매월 지원 한도액은 60시간이고, 시간연장보육 이용시간을 매일 시, 분 단위로 기록해 월 단위 합산 후 분 단위는 절삭한다. 보육시간은 기준시간을 초과한 19시 30분부터 24시, 토요일은 15시 30분부터 24시까지다.

시간연장형 보육료의 지원 단가는 연령에 관계없이 동일한데 일반 아동은 시간당 2800원, 장애 아동은 시간당 3800원이다. 아침·저녁 급식비는 기타 필요경비 지침에 따라 수납이 가능하다.

주간에는 어린이집을 이용하지 않고 야간에 이용하는 경우에는 야간보육료가 지원된다. 보육시간은 19시 30분부터 다음날 오전 7시 30분까지다. 야간 보육료의 지원 단가는 만 0세아는 40만 6000원, 만 1세아 35만 7000원, 만2세 29만 5000원, 만 3세 이상은 22만 원이다.

종일제 보육을 A시설에서 받고, B시설로 옮겨 시간연장 보육을 받는 경우에도 시간연장 보육료 지원이 된다. 유아학비를 지원받고 있는 아동도 시간연장 보육료에 한해 지원 가능하다.

24시간 지정 어린이집에서는 24시간 보육료를 지원받을 수 있는데 부모가 야간에 경제활동을 하는 가정, 한부모 또는 조손가정 등의 아동으로 주간보육은 물론, 야간보육이 불가피하다고 판단되는 아동만 대상이 된다. 보육료 지원 단가는 만 0세 60만 9000원, 만 1세 53만

6000원, 만 2세 44만 3000원, 만 3세 이상은 33만 원이다.

토요일을 제외한 휴일 보육료 지원의 기준 단가는 정부지원 일 보육료에 150%를 곱한 금액을 지원(지정시설은 100% 지원)한다. 일 보육료는 정부지원 단가에 휴일보육일수÷26일(보육가능일수로 공휴일 제외)을 곱한 금액이다.

시간연장형 보육료를 지원받고자 할 경우에는 부모의 날인 등 증빙 서류를 시·군·구에서 확인받아야 한다. 물론 신분증과 가족관계증명서 등의 증명 서류도 지참해야 한다.

저소득층 아이 생후 1년까지
기저귀와 조제분유 지원

저소득층 영아에게는 생후 1년까지 기저귀와 조제분유가 2015년 10월 30일부터 지원된다. 보건복지가 저소득층의 양육비 부담을 덜어주기 위해서 시행하는 정책이다.

기저귀 지원대상은 최저생계비 100% 이하(중위소득 40%, 4인 가구 기준으로 월평균소득 약 169만 원)의 만 1세 미만 영아가 있는 가구다. 조제분유 지원의 경우 위의 지원대상 중 산모가 질병·사망으로 모유수유가 불가능한 경우로 한정됐다. 항암치료, 방사선치료, 후천성면역결핍증, 'Herpes simplex' 바이러스 감염 등이 해당된다.

지원대상 소득기준을 초과하더라도 광역 시·도지사가 별도 소득기준을 정해 추가 지원은 가능하다.

지원기간은 기저귀·분유 신청일을 기준으로 영아 출생 후 12개월 미만까지다. 생후 60일 이내 신청하면 최대 지원한도 12개월분을, 생후 60일 이후부터는 만 12개월까지 남은 기간을 월 단위로 지원한다.

지원유형은 기저귀를 지원하는 기본 유형(월 3만 2000원)에 지원신청일 당시 산모의 사망·질환 여부에 따라 조제분유를 함께 지원하는 유형(월 7만 5000원)과 추후 조제분유를 추가 지원하는 유형(월 4만 3000원) 등으로 나뉜다.

BC카드, 삼성카드, 롯데카드 등이 발급한 국민행복카드를 통해 바우처 포인트를 지급하는 방식으로 지원한다.

지원대상 영아 부모나 부득이한 경우 관계를 증명할 수 있는 서류를 지참한 친족 또는 후견인·법정대리인 등이 지원신청서를 작성해 기타 구비서류와 함께 출생일로부터 60일 이내에 거주지 등록 관할 보건소에 제출하면 된다.

　지원신청자는 지원확정 통보를 받은 이후부터 지원범위에서 기저귀와 조제분유를 취급하는 유통점(나들가게 가맹점, 우체국 쇼핑몰(http://mall.epost.go.kr/) 등에서 구매할 수 있다.

　가까운 나들가게 가맹점은 사회서비스 전자바우처 포털시스템(http://www.socia lservice.or.kr/)에서 확인할 수 있다.

　구체적 사항은 관할 보건소 모자보건사업과(팀) 또는 보건복지부 콜센터(전화 129) 등에서 안내받을 수 있다.

　한편 현재도 이 사업과 관련해 국회 등에서 요구가 잇따르고 있어 추후 사업 규모가 확대될 가능성은 있는 만큼 대상자들은 이를 참고해야 할 것 같다.

아이돌봄사업으로 육아도 도움받자

각종 아이돌봄 사업도 확인하자. 여성가족부가 주관하는 아이돌봄 사업은 시간제 돌봄서비스, 종합형(가사추가형) 돌봄서비스, 영아종일제 돌봄서비스, 보육교사형 돌봄서비스 등 다양하게 짜여있다.

만 3개월부터 만 12세 이하 아동의 가정에 아이돌보미가 직접 방문해 아동을 1대 1로 안전하게 돌봐주는 아이돌보미 사업은 꼭 알아둬야 한다.

먼저 만 3개월에서 12개월 이하 아이는 시간제, 종일제 서비스를 모두 이용할 수 있다. 시간제의 경우 일반형과 종합형 서비스로 나뉜다. 일반형 서비스의 이용요금은 시간당 6000원으로 소득수준에 따라 정부지원금이 차등 적용되며 정부지원시간은 연 480시간이다. 아동당 최소 2시간 이상 신청 원칙이며 가사활동은 제외된다.

종합형의 이용요금은 시간당 7800원으로 역시 소득수준에 따라 정부지원금이 차등 적용되며 시간제 서비스 외 돌봄 아동과 관련된 가사서비스도 함께 제공된다. 정부지원시간은 시간제 서비스(일반형) 지원시간 한도 내에서 차감되는 방식이다.

종일제는 영아종일제 돌봄서비스, 보육교사형 돌봄서비스로 나눠져 있다. 영아종일제 돌봄서비스는 월 200시간 기준 아동 1인당 120만 원으로 소득수준에 따라 정부지원금이 차등 적용되며 지원시간은 월 200시간이다. 정부지원시간 내에서 계약에 따라 돌봄서비스가 제공되며 1일 최소 6시간 이상 사용이 원칙이다.

초보 아빠엄마를 위한
똑똑한 재테크

보육교사형 돌봄서비스는 월 200시간 기준 아동 1인당 144만 원으로 소득수준에 따라 정부지원금이 차등 적용되며 영아의 특성에 맞춘 전문 돌봄프로그램에 따라 서비스가 제공된다. 영아종일제 서비스와 동일한 기준으로 정부지원 시간 및 지원금이 차등 지원된다. 참고로 종일제는 만 3개월 이상 만 24개월 이하 영아까지만 지원을 받을 수 있다.

이외에도 사회복지시설, 학교, 유치원, 보육시설 등 만 0세~12세 아동에 대한 돌봄서비스가 필요한 기관은 기관파견 돌봄서비스를, 법정 전염성 질병 및 유행성 질병에 감염된 시설 이용 아동은 질병 감염 아동 특별 지원이 이뤄진다.

돌봄서비스의 소득기준은 크게 4개군으로 나눠진다. 10월 현재 전국가구 평균소득 4인 기준 50% 이하(월 248만 7000원)인 '가형'은 75%(4500원) 정부지원을 받아 시간당 1500원(25%)로 이용할 수 있다.

소득기준 50~70%(월 348만 2000원)인 '나형'은 45%(2700원) 지원받아 3300원(55%)에 돌봄서비스가 가능하다. '다형'은 70~100%(월 497만 4000원)인 1천500원(25%)을 지원받아 4500원(75%)에 이용하면 된다. 100%를 초과하는 '라형'은 전액을 본인이 부담해야 한다.

참고로 야간이나 휴일은 시간당 3000원을 추가 부담해야 하며 아동이 추가될 경우 기본 3000원, 야간이나 휴일은 4500원을 보태야 한다. 서비스 이용시간 및 아동 수에 따라 이용단가 및 정부지원 금액이 상이한 만큼 꼼꼼하게 살펴볼 필요가 있다.

종합형도 유형마다 같은 금액이 지원되기 때문에 그 차액만큼을 본인이 더 부담한다고 생각하면 된다.

영아종일제 돌봄서비스는 같은 유형으로 나눠 정부지원이 70%에서 40%로 나이에 따라 단계별로 10%씩 차등을 둬 제공된다. 0세(12개월 미만)은 월 200시간 기준으로 월 120만 원이 '가형'의 경우 70%인 84만 원 지원, 나머지 30%인 36만 원이 본인부담이다. 13개월부터 24개월까지는 65%인 78만 원 지원, 본인 42만 원(35%) 부담이며 유형별로 10%씩 줄어드는 구조다.

보육교사형 돌봄서비스는 12개월 이하 영아일 경우 월 200시간 144만 원 기준으로 가형부터 라형까지 본인부담이 60만 원에서 96만 원까지 12만 원씩 늘어나도록 돼 있다.

아이돌봄서비스의 제공범위도 차이가 나눠져 있다. 일반형 시간제 돌봄서비스는 부모가 올 때 까지 임시보육, 놀이 활동, 식사 및 간식 챙겨주기, 보육시설, 학교, 학원 등·하원, 준비물 보조 등을 해준다. 종합형은 일반형 외에 아동 관련 세탁물 세탁기 돌리기(1회) 및 정리, 아동 놀이공간 정리, 청소기 청소(1회) 및 걸레질하기, 아동 식사 및 간식 조리와 그에 따른 설거지 등을 해준다.

종일제는 영아형은 이유식 먹이기, 젖병소독, 기저귀갈기, 목욕 등 영아 돌봄과 관련된 활동 전반(건강, 영양, 위생, 교육 등)을, 보육교사형 은 보육교사 자격증을 소지한 아이돌보미의 월간 활동 계획에 따른 영아 표준 돌봄 프로그램 서비스까지 제공된다.

돌봄서비스를 받으려면 읍·면·동 주민센터에 신청한 후 소득 등

지원 자격을 조사받는다. 이후 서비스제공기관으로부터 혜택을 받으면 추후 여성가족부 등 정부의 사후관리까지 이뤄지게 된다.

아이돌봄 서비스

서비스 종류		이용대상	서비스안내
시간제	시간제 (일반형) 돌봄서비스	만 3개월 이상~ 만 12세 이하아동	- 이용요금은 시간당 6,000원으로 소득수준에 따라 정부지원금이 차등 적용되며, 정부지원시간은 연 480시간 지원 - 아동당 최소 2시간 이상 신청 원칙이며, 가사활동은 제외
	종합형 돌봄서비스		- 이용요금은 시간당 7,800원으로 소득수준에 따라 정부지원금이 차등 적용되며, 시간제 서비스 외 돌봄 아동과 관련된 가사서비스 제공 ※정부지원시간은 시간제 서비스(일반형) 지원시간 한도 내에서 차감
종일제	영아종일제 돌봄서비스	만 3개월 이상~ 만 24개월 이하 영아	- 월 200시간 기준 아동 1인당 120만원으로 소득수준에 따라 정부지원금이 차등 적용되며, 정부지원시간은 월 200시간 지원 - 정부지원시간 내에서 계약에 따라 돌봄서비스 제공 ※ 1일 최소 6시간 이상 사용 원칙
	보육교사형 돌봄서비스		- 월 200시간 기준 아동 1인당 144만원으로 소득수준에 따라 정부지원금이 차등 적용되며, 영아의 특성에 맞춘 전문 돌봄프로그램에 따라 서비스 제공 ※영아종일제 서비스와 동일한 기준으로 정부지원 시간 및 지원금 차등 지원
기관파견 돌봄서비스		사회복지시설, 학교, 유치원, 보육시설 등 만 0세~12세 아동에 대한 돌봄서비스가 필요한 기관	- 기관에서 단체로 아동을 돌보는 경우 돌봄 수요가 증가하는 시간대에 돌봄 활동을 보조하며, 이용요금은 시간당 10,000원으로 이용 가능 ※ 돌봄미 1인당 돌볼 수 있는 최대 아동 수 (만 0세~2세: 3명, 만 3세~12세: 5명)가 존재하며, 한명의 돌봄미가 여러 연령대의 아동을 대상으로 동시에 서비스를 제공할 수 없음
질병 감염 아동 특별 지원		법정 전염성 질병 및 유행성 질병에 감염된 시설 이용 아동	- 이용요금은 시간당 7,200원으로 질병 완치시까지 이용가정의 소득수준에 관계없이 50% 정부지원하며, 정부지원시간 차감 없이 이용가능 ※질병감염여부는 병원진단서 및 처방전을 제출 (미제출시 본래 가구 유형에 따라 요금 부과)

※ 아이돌봄지원사업은 예산사업으로, 예산 및 신규수요 등에 따라 지원 대상, 지원 시간, 지원금액 등의 변경이 있을 수 있습니다.
※ 시간제 및 영아종일제 정부지원시간을 초과하는 아동은 전액 부모부담(시간제 ·라·형)으로 서비스 이용가능합니다.
※ 장애 아동의 경우, 장애아가족양육지원사업의 지원대상이 아닌 아동에게 아이돌봄서비스를 제공합니다.
  (「장애인복지법」에 따라 등록된 "장애아동"으로, 「장애아동복지지원법」상 장애아 가족양육지원사업 지원 대상은 아이돌봄서비스
  이용이 어렵습니다.)
※ 서비스 종류(시간제↔종일제)를 변경하여 이용시 정부지원시간 및 기간의 변동이 생길 수 있으므로 서비스제공기관으로 반드시 문의하시기 바랍
  니다.

정부미지원가구(시간제 라형)의 경우 아이돌봄 홈페이지(http://idolbom.go.kr/) 회원가입 후 정회원 신청이 가능하며 서비스 제공기관에서 정회원 승인 후 서비스를 이용할 수 있다. 관련한 상담은 아이돌봄 상담대표전화(전화 1577-2514), 여성가족부 대표전화(전화 02-2100-6000)로 하면 된다.

참고하면 좋을 복지 서비스

사회복지공동모금회의 '시소와 그네' 사업도 참고하자. 시소와 그네는 영유아 아동에게 건강, 복지, 교육 환경을 제공해 평등한 기회를 보장하기 위해 만들어진 복지 사업이다. 만 0세부터 6세까지 초등학교 입학전 취약계층 영유아들을 위해 지역사회가 '시소와 그네'가 돼 함께 아이를 키우자는 취지가 담겨 있다.

건강, 보육, 부모교육 등 다양한 프로그램을 직접 제공하거나 지원을 연계하며 사후 대처가 아닌 취약계층 가정 영유아 전체에게 보편적이고 예방적인 통합적 서비스를 제공한다는 목적으로 운영되고 있다.

서울마포센터, 전북군산센터, 부산영도센터, 서울관악센터, 인천연수구센터, 충북청주시센터 등이 운영 중이다.

생후 1주부터 36개월 영유아에겐 발달 단계별 신체, 정서 발달 체크 및 교육, 놀이 등이 제공되는 '가정방문 영아건강관리' 사업, 영유아기 자녀를 둔 취약계층 부모들을 대상으로 한 '부모교육' 사업 들이 시행되고 있어 해당 지자체 부모들은 혜택을 받을 수 있다.

　취약계층 아동에게 맞춤형 통합서비스를 제공해 아동의 건강한 성장과 발달을 도모하고 공평한 출발기회를 보장함으로써 건강하고 행복한 사회구성원으로 성장할 수 있도록 지원하는 '드림스타트' 사업

시소와 그네

○ **시소와 그네**

시소와 그네 전문위원회(위원장 이봉주, 서울대 사회복지학과 교수)는 영유아 통합지원센터를 통하여 만 0~7세 영유아 아동에게 건강, 복지, 교육 환경을 제공하여 영유아의 건강한 성장을 이끌어 내고자 함

○ **세부사업내용**

구분	세부내용
사례관리	• 대상 : 시소와그네 센터 내 사례관리 대상자 • 내용 　• 영유아 및 가족중심으로 이들의 욕구에 근거한 맞춤형서비스를 제공 　• 서비스의 연계와 조정을 통해 지역사회네트워크를 형성하고 통합적이며 예방적인서비스 체계 구축
유아·부모 함께하는 교육콩새 프로그램	• 대상 : 37개월~ 취학 전 유아와 그부모 • 내용 : 강의, 만들기, 책읽기, 게임 등 총 12주제, 한 주제 당 4주 활동, 총 48주 활동
가정방문 영아건강관리	• 대상 : 생후 1주~36개월 영유아 • 내용 : 발달 단계별 신체, 정서 발달 체크 및 교육, 놀이 등
부모교육	• 대상 : 영유아기 자녀를둔 취약계층 부모 • 내용 : 20명 내외의 집단 부모교육, 8개 주제를 선정하여 하루에 2시간씩 8주간 실시
지역사회 성과평가	• 영유아 통합지원사업에서의 지역사회네트워크 성과관리시스템 구축
공동사업	• STORY 캠페인 : 영유아의 건강한 성장을 위해 나의 아이 뿐만 아니라 이웃의 아이들에게 관심을 　가질 수있도록 지역사회와 함께 사랑 나눔 활동을 하고자 하는 시소와 그네 전국 센터의연합 캠페인 활동 • 희망브릿지 : 사각지대 영유아를 발굴하고 지원하기 위해 다양한 기관과 함께 인적·물적 자원 나눔을 　통해 지역사회 내 영유아 환경을조성 • 희망틔움 : 자원제공기관과 협약을 맺어 영유아에게 필요한 자원을 연계함으로써 친영유아 환경을 　조성하는데 함께하는 자원나눔 협약

○ **지역센터 및 연락처**

센터	주소	연락처

도 참고하자.

0세(임산부) ~ 만 12세(초등학생 이하)로 아동 및 가족이 대상이 되며
국민기초수급 및 차상위계층 가정, 법정 한부모 가정(조손가정 포함),
학대 및 성폭력피해아동 등에 대해 우선 지원된다.

드림스타트

○ **드림스타트**
취약계층 아동에게 맞춤형 통합서비스를 제공하여 아동의 건강한 성장과 발달을 도모하고 공평한 출발기회를 보장함으로써 건강하고 행복한 사회구성원으로 성장할 수 있도록 지원하는 사업

○ **대상**
0세(임산부) ~ 만12세(초등학생 이하)로 아동 및 가족
※ 국민기초생활보장수급자 및 차상위계층 가정, 법정한부모가정(조손가정 포함). 학대 및 성폭력피해아동 등에 대한 우선 지원 원칙

○ **신청방법**
시 · 군 · 구가 설치한 해당 아동통합서비스지원기관(드림스타트)으로 문의

○ **지원내용**
- 가정방문을 통해 인적조사, 욕구조사, 양육환경 및 아동발달 사정 실시
- 사례관리 대상 아동과 그 가족에게 지역자원과 연계한 맞춤형 서비스 지원, 주기적 재사정 및 지속적인 모니터링 등 통합사례관리 실시

○ **서비스내용**
양육환경 및 아동발달 영역별 서비스 제공

구분	세부내용
신체/건강	▪ 아동의 건강한 성장과 신체발달 증진 ▪ 건강한 생활을 위한 건강검진 및 예방. 치료 ▪ 아동 발달에 필요한 신체/건강 정보 제공
인지/언어	▪ 아동의 의사소통 및 기초학습 능력 강화 ▪ 맞춤형 인지/언어 서비스를 통한 아동의 강점 개발
정서/행동	▪ 자아존중감 및 긍정적 성격 형성을 위한 정서발달 서비스 제공 ▪ 올바른 사회 인식 및 이해를 도와 성숙한 사회시민으로 성장을 도모
부모의 양육	▪ 부모자녀 상호작용 및 적합한 교육환경을 위한 부모 역량 강화 ▪ 부모의 유능감 및 자존감 강화 ▪ 부모의 양육기술 지원 ▪ 임산부의 건강한 출산 및 양육 지원

※ 서비스별 세부 프로그램은 지역별 센터에 따라 상이함에 따라 거주지 지역센터로 문의

한편 미혼인 채 아이를 가지게 된 엄마나 아빠, 한부모 가족이라면 여성가족부에서 운영하고 있는 위드맘 홈페이지(http://withmom.mogef.go.kr/)도 알아둬야 한다.

위드맘은 미혼모·부, 한부모 가족 등이 가족기능을 유지하고 건강한 생활을 영위할 수 있도록 지원 정책 및 사업을 제공해 생활 안정 및 자립기반 조성과 복지증진에 기여하도록 하는 기능을 수행하는 공익서비스다.

먼저 양육과 관련한 다양한 복지서비스를 확인하자. 만 12세 아동이 있는 소득 인정액이 최저생계비의 130% 이하인 한부모 가족 및 조손가족은 아동 1인당 10만 원을 지원받을 수 있다. 기초생활보장 수급자 또는 긴급복지지원법에 의한 생계지원을 받는 경우, 아동복지법에 의한 아동위탁수당을 받는 경우는 지원 대상에서 제외된다.

소득 인정액 기준 최저생계비 150% 이하인 청소년 한부모 가구는 월 15만 원을 받을 수 있다. 다만 한부모가족지원법 상 아동 양육비로 월 10만 원을 받고 있다면 차액인 월 5만 원만 지원된다.

소득 인정액이 최저생계비의 130% 이하인 조손가족이거나 미혼 한부모 가족으로서 모 또는 부의 연령이 만 25세 이상인 경우에는 추가 양육비로만 5세 이하 자녀 1인당 월 5만 원이 더 나온다.

참고로 미혼 한부모 가족 여부는 법률상 혼인 기록이 없는 경우를 의미한다. 사실혼 관계가 있다가 한부모 가족이 된 경우에도 미혼모 부자 가족에 해당된다. 가족관계등록부 상 혼인기록이 있는 자가 이혼 후 사실혼 관계에서 출산한 자녀를 양육 하는 경우에는 법률상 혼인 기록이 있으므로 미혼 한부모로 보지 않는다.

시간제 보육·지자체 지원은 알아야 득 본다

집에서 가정양육수당을 받으며 아이를 키우는 가정에서 갑자기 급박한 상황이 발생한다면? 일단 주변 친지, 친구들을 찾겠지만 그래도 마땅한 방법이 없다면 시간제 보육 서비스를 활용해보자.

시간제 보육은 어린이집의 종일제 보육을 이용하지 않더라도 지정된 제공 기관에서 시간제로 보육 서비스를 이용하고 이용한 만큼 보육료를 지불하는 정부 지원 서비스다.

만 6개월부터 36개월 미만 영아가 대상이 되며 기본형과 맞벌이형으로 나눠져 있다. 먼저 기본형은 양육수당 수급자 중 전업주부가 해당되며 월 최대 40시간까지 이용할 수 있다. 원래 보육료 단가는 시간당 4000원이지만 정부가 2000원을 지원해줘 시간당 2000원에 이용이 가능하다.

맞벌이형은 양육수당 수급자 중 시간제 근로자 등 맞벌이 가구, 한부모 가구, 기타 양육부담 가구가 대상이 되며 월 최대 80시간까지 혜택을 받을 수 있다. 정부가 시간당 3000원을 지원해줘 시간당 1000원만 부담하면 된다.

맞벌이형 서비스는 읍면동 주민센터에 '맞벌이형 신청서 및 관련 증빙서류를 제출해야 이용이 가능하며 별도로 신청하지 않으면 기본형으로 지원된다.

사전에 예약시간을 연장하지 않고 예약시간을 초과해 이용한 경우 초과 이용에 대해서는 전액 본임부담으로 이용할 수 있다. 단 예약시간 연장은 예약종료시간 20분 전까지 가능하다.

이용료는 아이행복카드로 이용 시마다 결제를 하면 된다. 만약 아이행복카드가 아닌 일반 카드나 현금으로 결제할 때는 4000원 전액을 본인이 내야 한다.

서비스를 이용하기 위해서는 아이사랑 포털 홈페이지나 앱, 신청센터(전화 1661-9361)에서 하면 된다. 온라인 신청은 1일 전까지, 전화 신청은 당일까지 할 수 있다.

시간제 보육을 처음 이용할 때는 이용신청서 및 운영규정 서약서, 신분증 사본, 가족관계증명서 등을 해당 기관에 제출해야 한다. 서비스 제공 기관은 아이사랑 포털의 '육아정보' 메뉴 중 '시간제 보육 시범사업 기관 찾기'에서 확인할 수 있다.

시간제 보육 제공 기관에서는 급식이나 간식은 별도로 제공하지 않아 간식, 기저귀, 여벌옷 등은 직접 준비해야 한다.

육아종합지원센터도 알아두자. 이 센터는 보육에 관한 정보의 수집·제공 및 상담 등을 제공하기 위해 보건복지부장관과 지방자치단체의 장이 설치·운영하는 육아지원전문기관이다.

일반 가정에는 초기부모 양육상담, 부모교육, 영유아 놀이공간 및 프로그램 제공, 장난감 및 도서 대여서비스, 시간제 보육 서비스 등을 제공한다. 어린이집에는 보육컨설팅, 보육교직원 상담 및 교육, 아동

학대 예방교육, 대체교사 지원 및 관리, 취약보육 지원 및 관리 등의 업무를 수행한다.

센터는 누구나 회원 가입 없이 자유롭게 방문할 수 있고 회원에 가입할 경우 더 많은 서비스를 이용할 수 있다. 대표전화는 '1577-0756'이고 중앙육아종합지원센터 홈페이지(http://central.childcare.go.kr/)에서도 많은 정보를 얻을 수 있다.

광역시·도마다 중앙센터가 설립돼 있으며 시·군·구별로 2015년 6월 기준 총 81곳의 센터가 운영 중이다.

전국시군구 '육아종합지원센터협의회(전화 02-2646-7790~1)' 홈페이지(http://www.eaja.or.kr/)에서도 육아센터의 소재지, 연락처 등이 소개돼 있다. 예를 들어 경기도 광명시 육아종합지원센터를 검색하면 전화번호, 주소, 홈페이지, 찾아가는 방법과 함께 보육센터, 장난감도서관 등에 대한 정보까지 제공된다.

초보 아빠엄마를 위한
똑똑한 재테크

3장

돌부터
세살까지

본격적인 재테크는 지금부터

애기 보느라 힘든 엄마, 이제 아빠가 나설 때

드디어 아이가 돌을 맞았다. 돌은 아이가 태어난 지 만 1년이 되는 첫 생일이다. 아이가 무사히 첫 생일을 맞이한 것을 기념하고 장차 잘 자라기를 바라는 뜻에서 돌잔치도 연다.

돌을 지나면 아이가 걷기 시작한다. 이때부터는 정말 아이에게서 눈을 뗄 수 없다. 언제 어디서 무엇을 주워 먹고 있을 지도 모르고, 집 안 가구에 부딪히거나 소파에서 떨어지는 경우도 숱하게 경험하게 된다.

엄마는 아이의 이유식과 간식 준비, 설거지, 청소 등 아이와 집안일을 챙기기만도 벅차다. 특히 우리나라는 지난해 기준 배우자가 있는 1182만 가구 중 절반 가까운 518만 가구가 맞벌이를 한다. 아이를 키우면서 돈도 벌어야 하는 현실인 것이다.

이제 아빠가 나서자. 육아 휴직이 끝나 직장으로 나가야 하는 엄마에게 모든 일들을 맡겨서는 안 된다. 특히 요즘은 육아 우울증도 증가 추세라고 한다. 지속적인 스트레스가 뇌의 한계를 넘으면 우울증이 생길 수 있다.

우울증으로 아이를 때리거나 다치게 하는 사례가 빈번히 뉴스에 나온다. 육아를 한 번도 경험해 보지 못했기 때문이다. 자신이 아닌, 말도 통하지 않는 아이를 중심으로 움직일 수밖에 없는 부모의 엄청난 스트레스는 상상이상이다. 또 이를 방치하면 아이의 정서 발달에도 큰 영향을 미칠 수 있다.

이제 남편이 함께 할 때다. 그동안 아내에게 많은 것을 맡겼겠지만 아이는 결코 혼자 키우는 것이 아니다.

아빠가 양육에 참여할 경우 아이의 발달에도 큰 도움이 된다는 연구 결과도 있다. 아이와 놀아주는 게 아이에게도 도움이 된다고 하니 더 많은 시간을 아이와 함께 하도록 하자.

또 이제 아이를 위한 재테크도 본격적으로 시작해야 할 시기다. 나라에서 주는 보육료나 각종 지원시설 등도 잘 찾아서 활용해야 함은 당연하다.

'슈퍼맨 아빠'들이 나오는 TV 예능 프로그램들이 여전히 인기를 끌고 있다. 든든한 아빠가 아이 셋을 데리고 놀기도 하고 격투기 선수인 딸바보 아빠는 말을 배우기 시작하는 딸의 한마디 한마디에 그저 웃음을 짓는다.

그러나 사실 TV의 상당 부분은 연출이다. 툭하면 해외여행에 넓고 으리으리한 집은 일반적인 서민들의 삶과는 거리가 멀다. 연예인이나 스포츠 선수들은 가사도우미와 아이돌보미들을 고용해 육아를 분담하고 각종 비싼 장난감이나 육아용품들은 협찬을 받기도 한다.

한참 이슈가 됐을 때는 귀여운 아이들의 모습에 많은 시청자들이 눈을 떼지 못했지만 점점 상대적인 박탈감에 TV 채널을 돌리는 경우도 늘고 있다고 한다. 부모 스스로도 TV에서 나오는 육아용품들을 충동구매 할까봐 아예 프로그램을 끊는 경우도 있다.

평범한 서민이라면 결국 아이를 키우는 데에는 '돈'이 필요할 수밖에 없고 또 아이의 미래를 위해 미리미리 준비해놔야만 한다.

아무리 철저하게 계획을 세워도 예상치 못한 소비는 늘 발생하게 마련이다. 갑자기 아이가 아플 수도 있고 목돈이 필요한 일도 생긴다. 미리 소득과 지출을 계획한 예산안을 짜놔야 하는 것이디.

폭넓게 보장되는 보험도 들어놔야 하고 적금 통장도 여러 개로 분산해서 만들어야 혹 급전이 필요할 때 하나씩 해약해 손해를 줄일 수 있다. 연 2~3%대의 이자가 아까워서 이자가 훨씬 더 비싼 대출을 받는 일은 결코 없어야 한다.

아빠가 해야 할 일이 참 많다. 아이에서 눈을 뗄 수 없는 아내를 위해 이제 아빠가 나서자. 정부에서 나오는 보육료도 신청해야 하고 이전에 만들어놨던 국민행복카드도 잘 활용하자. 아이가 성장했을 때 어느 정도 목돈이라도 안겨주려면 주식이나 펀드도 알아봐 놓자.

또 아낄 수 있는 것은 아끼자. 아이들은 금방 큰다. 옷도, 장난감도 전부 새것만을 고집할 필요는 전혀 없다. 예쁘다고, 혹은 필요할 것 같다고 무턱대고 사다가는 어느덧 마이너스가 된 통장을 마주칠 수밖에 없다.

　나보다 먼저 아이를 가진 친구나 친지들에게 잘 대해 얻을 수 있는 것은 얻어오자. 또 우리 아이가 크면 못 입히는 옷이나 쓸모가 없어진 용품들은 아끼지 말고 주변에 나눠주자. 언젠가 다시 보답이 돌아오게 돼 있다. 한 푼이라도 더 아껴 아이를 위한 재테크에 투자해야 한다.

아빠 육아 효과

우리나라 아빠가 아이와 함께 하는 시간이 하루에 고작 6분뿐이라는 조사가 나왔다. 웬만큼 사는 나라들이 속해 있는 경제협력개발기구(OECD) 국가 중 꼴찌다.

OECD의 '2015 삶의 질(How's life?)' 보고서에 따르면 한국 어린이들이 부모와 함께 하는 시간은 하루 48분으로 OECD 국가 중 가장 짧았다. OECD 평균은 151분으로 3배가 넘었다.

우리나 아빠와 아이의 교감 시간은 하루 6분으로 OECD 국가 중 최단이며 OECD 평균인 46분과도 차이가 컸다. 특히 아빠가 같이 놀아주거나 책을 읽어주는 시간이 3분, 신체적으로 돌봐주는 시간도 불과 3분에 그쳤다.

이런 상황에서 많은 연구 결과들은 아빠의 양육 참여가 아기의 성장에 미치는 영향이 부모들이 예상하는 것보다 훨씬 크며, 특히 0~3세 아기의 두뇌 성장에 결정적인 영향을 미친다고 밝히고 있다. 관심이 날로 높아지고 있는 아빠 육아 효과에 대해 알아보자.

• 아빠가 양육에 적극 참여하면 아이의 사회성이 높아진다

미국 발달심리학자 칼 데라의 연구 결과에 의하면 아빠가 양육에 많이 참여할수록 아기의 지적 능력, 자존감, 사회성이 높아진다고 한다.

아빠는 아기가 엄마를 벗어나 처음 접하는 타인이다. 아빠와 교감을 충분히 나눈 아기는 자신과 엄마 둘만의 세상에서 더 넓은 세상으로 넘어가는 과정이 자연스럽다. 친구 관계를 맺는 데 더 수월하고 자신감이 넘치며 도덕적이고 공정한 룰을 알게 된다.

• 아빠와 밀접한 관계를 맺은 아이가 성적이 우수하다

영국 뉴캐슬대학에서 영국인 남녀 1만 1000여명을 대상으로 조사한 결과 어린 시절 아빠와 독서, 여행 등 재미있고 가치 있는 시간을 많이 보낸 사람들이 그렇지 않은 경우보다 지능 지수가 높고, 학업·예술 등 각 방면에 두각을 나타내며, 학교 성적이 우수하고 사회적인 신분 상승 능력이 더 큰 것으로 나타났다.

심리학자 헤리스, 블란차드와 빌러 역시 아빠와 밀접한 관계를 맺은 아이가 학업 성취도가 높고 좋은 직업을 가질 확률이 높다는 사실을 확인했다.

• 언어 발달에 아빠가 더 큰 영향을 미친다

미국 노스캐롤라이나주립대 린 버논 피건스 박사 연구진에 따르면 어릴 때일수록 엄마보다 아빠 말을 많이 들어야 문장 구성력 등 언어 발달이 더 빨라진다고 한다.

특히 만 3세 미만 아기는 아빠가 어떤 말을 쓰느냐에 민감하게 반응하며, 아빠의 말을 잘 기억한다고 한다. 2세 아기를 둔 맞벌이 부부를 대상으로 아빠의 자극이 자녀 두뇌 성장을 어떻게 자극하는지를 연구한 결과, 아기와 놀 때 더 다양한 단어를 사용한 아빠를 둔 아기들이 3세가 됐을 때 언어 능력이 훨씬 발달한 것으로 나타났다. 반면 엄마의 단어 사용은 아기의 언어 발달에 크게 영향을 미치지 못했다.

• 아빠와 신체 활동을 많이 하면 스트레스를 잘 견디게 된다.

어릴 때부터 아빠와 신체 활동 놀이를 많이 한 아이는 놀면서 흥분을 하거나 스트레스를 받아 아드레날린이 분비되는 신체 변화에 익숙해져 나중에 커서 스트레스를 잘 견딘다는 연구 결과도 있다.

자료: 한국마더세이프전문상담센터(http://www.mothersafe.or.kr/)

국민행복카드·아이행복카드 차이 알아야

앞서 임신과 함께 정부에서 지원금을 넣어주는 국민행복카드를 만들었을 것이다. 이와 비슷한 이름의 아이행복카드는 아이의 양육비를 지원하는 카드다.

국민행복카드는 아이행복카드의 기능을 통합해 쓸 수 있다. 가입 시 또는 추후 해당 은행이나 카드사 지점을 방문해 아이행복카드 기능을 추가하면 된다. 유아학비 및 보육료 지원금은 '사회서비스 바우처 포털(http://socialservice.or.kr/)'로 접속해 신청해도 된다.

국민행복카드를 한 번 발급받은 후 둘째를 가졌다면 기존 국민행복카드에 지원금을 다시 추가해 이용할 수 있다.

아이행복카드도 자세히 알아보자. 이 카드는 만 0세부터 만 5세까지 취학 전 아동을 대상으로 정부에서 제공하는 보육료·유아학비 지원서비스를 이용할 수 있는 카드다. 아이행복카드 하나로 어린이집·유치원 어디서나 사용이 가능하다.

2014년까지만 해도 어린이집은 '아이사랑카드', 유치원은 '아이즐거운카드'로 나눠져 각각 카드가 있어야 했다. 발급 금융사도 보건복지부 관할의 아이사랑카드는 KB국민카드, 우리카드, 하나카드만 가능했고 교육부 관할 아이즐거운카드는 NH농협카드, 부산은행만 발급을 받을 수 있었다.

정부는 어린이집↔유치원간 이동 시 카드를 교체해야 하는 불편을 해소하기 위해 기존 2개의 카드를 2015년부터 아이행복카드 하나로 통합했다. 또 기존 현금으로 납부하던 특별활동비 등 기타 경비를 카드로도 결제 가능토록 변경했다. 카드 단말기를 어린이집, 유치원 등에 무상 보급하고 결제수수료로 대폭 낮춰 어린이집이나 유치원에서도 카드 결제를 유도하도록 한 것이다.

아이행복카드를 만들기 전에 먼저 정부 보조금을 신청해야 어린이집 보육료와 유치원 유아학비 인증이 가능하다. 보조금 신청은 복지로 홈페이지(http://www.bokjiro.go.kr/)를 참조하면 된다. 만약 보조금을 신청하지 않으면 단순 카드의 기능밖에 하지 못하니 꼭 신청을 해야한다.

직접 방문하려면 읍·면·동 주민센터에서 보조금 신청서를 받아 전국 은행, 주요 카드사 지점 등에서 카드를 발급받으면 된다.

참고로 어린이집에서 유치원으로, 유치원에서 어린이집으로 기관을 변경할 경우에는 복지로 홈페이지 또는 주민센터에서 반드시 보육료·유아학비 자격변경 신청을 해야 한다. 변경 신청을 하지 않을 경우 지원을 제대로 못 받을 수 있다.

아이행복카드는 각 카드사의 홈페이지나 복지로 홈페이지, 임신육아종합포털 아이사랑 포털 홈페이지(http://www.childcare.go.kr/) 등에서 발급을 신청하면 되고 연회비는 무료다.

신용카드, 체크카드 어느 형태로든 가입이 되지만 본인의 신용도에 따라 신용카드 발급은 제약이 있을 수 있다. 특히 아이행복카드는 카드사별로 전문 상담원이 별도로 있어 빠르게 문의할 수 있다.

아이행복카드는 전국 7개 카드사 등 16개 금융기관에서 발급 가능해 선택의 폭이 매우 넓다.

가입 가능한 금융기관은 KB국민카드(전화 1599-7900), 우리카드(전화 1599-9977), 하나카드(전화 1599-7733), NH농협카드(전화 1644-2336), 신한카드(전화 1544-8868), 롯데카드(전화 1899-4282), 비씨카드(BC카드), 전화 (1899-9559), 비씨카드로 발급되는 IBK기업은행, 스탠다드차타드은행(SC은행), 대구은행, 부산은행, 경남은행, 전북은행, 수협은행, 광주은행, 우체국, 제주은행, 신협, 현대증권 등이다.

보육료 결제도 간편하게 돼 있다. 매월 어린이집에 방문해 단말기로 결제할 수 있다. 이외 매월 자동결제, 인터넷 결제, ARS 결제, 모바일 결제 등도 가능하다.

방문할 경우에는 어린이집의 카드 단말기를 이용해 정부지원금과 부모부담금을 결제하면 된다. 아이사랑카드 ARS(전화 1566-0244)로 전화해 카드번호를 눌러 직접 결제할 수 있다. 전화 전에 어린이집에서 인증번호를 받아야 하는 번거로움이 있다.

인터넷으로 하려면 아이사랑 포털에 접속, 보육료 결제 메뉴에서 자녀의 보육료 결제가 가능하다. 아이사랑 포털 이용 시에는 인증서 등록이 필요하다.

스마트폰으로도 결제가 된다. 아이사랑 포털에 회원 가입한 부모라면 아이사랑 애플리케이션을 다운받아 간편하게 보육료를 결제할 수 있다.

유치원 유아학비는 유치원에 방문해 카드 단말기로 결제하면 된다. 정부 지원금 외 나머지 학부모 부담금만 내면 된다. 정부는 올해 내

전용 ARS 번호를 통한 인증 및 결제, e-유치원(http://www.childschool. moe.go.kr/)을 통한 인터넷 인증 및 결제도 지원할 방침이다. e-유치원 은 교육부에서 주관하는 유아학비 지원 제도 안내 및 유치원 관련 정 보를 제공하는 유아 교육 지원 포털이다.

참고로 아이가 여럿일 경우에도 1개의 카드로 해당 가구의 아동 전 체가 보육료 및 유아학비를 지원받을 수 있으니 번거롭게 여러 개의 카드를 만들 필요는 없다.

나에게 맞는 아이행복카드는?

카드사	상품명	주요 특징
롯데카드	롯데 아이행복 카드	어린이집, 학원비, 학습지 10%할인
신한카드	신안카드 아이행복	의료, 쇼핑, 도시가스 등 5%할인
KB국민카드	아이행복카드(S-Type)	병원10%, 약국, 산후조리원 5% 백화점, 마트, 인터넷쇼핑몰 5%
KB국민카드	아이행복카드(T-Type)	주유할인, 교통 10%, 외식 20% 에버랜드, 롯데월드자유이용권 50%
우리카드	우리카드 아이행복카드	자주가는 생활업종 5% 할인
IBK기업은행	IBK아이행복카드	교육, 쇼핑, 카페/베이커리, 통신요금 할인
하나카드	하나 아이행복카드	보육료유아학비 1만원 추가할인 온라인쇼핑, 커피, 병원, 약국 할인

NH농협카드	NH농협 아이행복카드(Edu)	어린이집, 유치원 10%할인 온라인쇼핑몰, 소셜커머스 10%할인
NH농협카드	NH농협 아이행복카드(shopping)	백화점, 대형마트, 쇼핑몰 5%할인 주요 놀이공원 무료입장 및 할인

공짜 교육 '누리과정' 완벽히 이해하기

가정양육수당, 유아학비, 보육료 등등 비슷한 느낌의 용어들이 자꾸 거론되며 혼란스러워 진다. 간단하게 정리하면 가정에서 아이를 키울 경우 가정양육수당을 받고, 어린이집에 보내면 보육료 지원을, 유치원에 보내면 유아학비 지원을 받게 되는 것이다. 헷갈리지 말자.

한참 논란이 되고 있는 누리과정의 의미에 대해서도 알아보자.

세상을 뜻하는 순 우리말인 '누리'과정은 우리나라 만 3~5세 어린이라면 누구나 평등한 교육을 받을 수 있도록 지원하는 사업을 일컫는다. 5세 누리과정은 2012년 3월부터 시작됐고 3~4세 누리과정은 2013년부터 실시하고 있다.

유치원, 어린이집 구분 없이 동일한 내용을 배우도록 하고 부모의 소득 수준에도 관계없이 모든 계층의 유아에게 유아학비와 보육료를 지원해 준다. 이전에는 소득 하위 70%의 가정에만 지원됐지만 전 계층으로 확대됐고 지원단가도 매년 인상되고 있다.

누리과정은 신체운동·건강, 의사소통, 사회관계, 예술경험, 자연탐구 등의 과정으로 짜여 있으며 이 과정이 도입됨에 따라 사실상 우리

초보 아빠엄마를 위한
똑똑한 재테크

나라의 의무교육이 초등·중등 9년에서 12년으로 확대되는 효과를 가져 오게 됐다.

원래 어린이집은 보건복지부, 유치원은 교육부 관할로 주관하는 정부부처가 다른데다 지방자치단체의 예산도 들어가고 있어 제도 도입 초기부터 어려움이 많았던 게 사실이다. 그러나 혜택을 받고 싶은 우리 입장에서는 정부가 잘 협의해 차질 없이 지원해주기를 기대해본다.

조금 더 자세히 살펴보자. 누리과정은 국·공·사립유치원에 다니는 만 3세에서 5세 유아가 대상이다. 유치원(유아학비), 어린이집(보육료), 가정양육(양육수당)은 중복 지급이 불가하다. 부모의 서비스 이용 신청에 의해서만 효력이 발생한다. 무상교육 기간은 3년을 초과할 수 없다.

누리과정은 거주지 관할 읍면동 주민센터를 방문하거나 복지로 홈페이지를 통해 온라인으로도 신청할 수 있다. 문의는 보건복지부 콜센터(국번없이 129), 교육부 유아교육정책과(전화 044-203-6233), 에듀콜센터(전화 1544-0079) 등으로 하면 된다. 참고로 홈페이지는 교육부(http://www.moe.go.kr/), e-유치원(http://childschool.moe.go.kr/)이다.

참고로 유치원(유아학비) ↔ 어린이집(보육료) 간 이동 시, 반드시 유아의 주민등록소재지 읍면동 주민센터 방문 또는 복지로 홈페이지를 통해 서비스 변경 신청을 해야 하며 지원금은 보호자의 서비스 변경 신청일로부터 지원한다. 소급지원은 불가하다.

가정양육수당 지원

가정양육수당 지원
자녀양육에 대한 경제적 부담을 완화하고 부모의 선택권 강화를 목적으로
취학 전 만 84개월 미만 전 계층 가정양육 아동에게 양육수당을 지원하는 서비스입니다.

보육료 지원

보육료 지원
만0~5세 어린이집을 이용하는 영유아 가구의 아동에게 보육료 등을 지원하는 것을
목적으로 하는 서비스 입니다.

유아학비 지원

유아학비 지원
유치원에 다니는 초등학교 취학 직전 3년의 유아(매년 1월1일 현재 만 3세 이상)에 대해 학부모의 유아학비
부담 완화 등 교육 복지 구현, 유아교육 공교육화를 위한 유아학비 지원을 목적으로 제공하는 서비스 입니다.

자녀 위한
금융상품 공부하고
가입하자

주식은 투기? 또 하나의 재테크 수단

국내 재벌들의 각종 정보를 제공하는 재벌닷컴이 2015년 10월 발표한 자료에 따르면 1억 원 이상의 상장기업 주식을 보유한 만 19세 이하 미성년자는 262명에 달했다. 이들이 보유한 주식 지분가치는 무려 1조 원이 넘었다. 100억 원이 넘는 주식 지분을 보유한 미성년자도 16명이나 됐다.

이 자료를 가져온 이유는 바로 '주식' 때문이다. 미성년자도 주식을 보유하고, 또 투자할 수 있다는 사실을 대부분이 생각하지 못하기 때문이다.

일단 주식에 대해서 먼저 알아보자. 주식(stock · 株式)은 주식회사의 자본을 이루는 단위로서의 금액 및 이를 전제로 한 주주의 권리·의무를 의미한다. 주식회사는 자본단체다. 자본은 사원인 주주(株主)의 출자이며 권리와 의무의 단위로서의 주식으로 나눠진다.

어려워 보이지만 쉽게 말해 주식은 '돈'과 '권리'를 갖는 유가증권이라고 생각하면 된다. 주식을 줄이면 '주'로 표현하고, 소유자를 '주주'라고 한다.

주식 투자를 간단하게 표현하면 증권사를 통해 사고 싶은, 유망한 기업의 주식을 사고 주식가격(주가)이 오르면 팔면 된다. 일정 수수료를 제외한 차액이 시세차익, 즉 나의 투자수익이 된다.

과정들만 보면 아주 단순하고 쉽게 돈을 벌 수 있을 것만 같다. 그러나 사실 주가는 기업의 실적 외에도 제반 경제 여건, 시장의 흐름, 금리나 환율 같은 요소에도 쉽게 출렁인다. 아무리 좋은 기업이고, 실적이 좋더라도 업종 전체가 하향세거나 혹은 글로벌 금융위기 같은 사태가 터지면 주가가 내려 손해를 보기 십상이다.

그러나 주식 투자, 해볼 만하다. 왜냐 하면 우리는 아이를 위해 장기적으로 투자를 할 것이기 때문이다.

주식에 조금이라도 관심이 있는 사람이라면 워렛 버핏(Warren Buffett)이라는 이름을 들어봤을 것이다. 투자의 귀재로 불리며 20세기를 대표하는 미국의 사업가이자 투자자다. '가치 투자의 1인자', '오마하의 현인'이라는 닉네임이 더 유명할 정도다.

워렛 버핏은 11세 때 100달러를 가지고 주식 투자를 시작했다고 한다. 가치투자 기법의 창시자인 벤저민 그레이엄(Benjamin Graham)의 영향을 크게 받아 가치투자 방식을 고수했다. 그만의 투자 비법으로 한 때 재산이 우리 돈으로 60조 원이 넘어 세계 재력가 1위에 오르기도 했다.

가치투자는 단기적인 시세차익을 무시하고 기업의 내재가치와 성장률에 근거한 우량기업의 주식을 사 장기간 보유하는 투자 방법을 의미한다.

예를 들어 보겠다. 국내 주식시장의 대표종목이자 시가총액 1위인 삼성전자를 보자. 20년 전인 1995년 삼성전자 주가(액면가 5000원)는 주당 14만 원 정도였다. 국제통화기금(IMF) 사태가 터지면서 국내 주식시장이 무너지자 3만 원대를 찍기도 하는 등 반토막 수준까지 떨어졌다. 그런데 위기가 곧 기회였을까. 이후 반도체 호황에 힘입어 삼성전자 주가는 가파르게 오르기 시작했다.

10년 전인 2005년에는 50만 원 대에 육박했고 2010년쯤엔 70만 원대, 2011년 말에는 드디어 100만 원을 돌파했다. 2013년 1월에는 158만 4000원으로 사상 최고가를 기록했다. 이후 등락을 거듭하고는 있지만 100만 원대를 훌쩍 넘는 국내 시가총액 1위 기업의 자리를 확고히 지키고 있다.

자, 만약 우리가 가치투자 방식으로 20년 전에 삼성전자 주식을 샀다면? 최소 10배가 넘는 투자수익률을 기록할 수 있었을 것이다.

특히 장기적인 관점에서 본다면 현금보다 주식이 훨씬 유리하다. 현금으로 증여할 경우 기껏해야 연 2~3%의 이자수익 뿐이지만 주식은 수십 배의 수익률을 낼 수도 있다.

또 추가적으로 기업이 좋은 실적을 낼 경우 쏠쏠한 배당금도 기대할 수 있다. 보통 배당금은 1년에 한 번 내지 두 번 나온다. 기업이 번 돈 일부를 투자자인 주주들에게 현금 등으로 돌려주는 것이다.

제약회사인 한미약품의 회장은 손자, 손녀들에게 주식을 증여 등으로 물려줬다. 12세 손자는 지분가치가 올 초 89억 원에서 9월 854억여 원으로 9배 이상 늘어 미성년 주식부자 1위에 올랐다. 만약 854억여 원을 현금으로 증여했다면 증여세만 400억 원 이상을 내야했을 것이다.

주식 투자가 위험 부담은 있지만 고수익을 노리는 공격적인 성향이라면 검토해볼만한 재테크 방법임은 분명하다.

투자 방법도 어렵지 않다. 아이의 주식계좌를 만들어 주겠다고 마음을 먹었다면 먼저 주민센터부터 방문해야 한다. 인감증명서가 필요하기 때문이다.

미성년자는 기본적으로 인감증명을 혼자 주민센터에 신고할 수 없다. 17세 미만 자녀의 경우 부모 등 법정대리인이 인감증명을 신고하면 된다. 신분증, 인감증명에 쓸 도장 등은 미리 준비하자. 참고로 인감증명 신고는 꼭 자녀의 주소지 관할 주민센터를 가야 한다.

이후 몇 가지 서류와 아이의 인감도장을 지참하고 증권사 지점이나 증권사와 연계된 은행 지점을 방문하면 된다. 증권사나 은행에 따라 약간의 차이는 있지만 일반적으로 가족관계증명서, 주민등록등본, 호적등본 등 가족임을 증명할 수 있는 서류가 필요하다.

통상 계좌개설 신청일 이전 6개월, 혹은 3개월 이내에 발급된 것만

초보 아빠엄마를 위한
똑똑한 재테크

받아주는 경우가 있으므로 미리 해당 지점에 확인해두는 게 좋다. 주민등록번호가 기재되지 않은 건강보험증은 인정되지 않는다. 이와 함께 대리인, 즉 부모의 주민등록증 등 실명확인증표, 계좌를 개설할 신청인의 인감증명을 확인하면 계좌를 만들 수 있다. 인터넷뱅킹을 위한 보안카드도 발급해 두자.

이후 자녀의 주식계좌에 투자자금을 입금하고 인터넷이나 스마트폰을 이용해 주식을 거래하면 된다. 거래 방법은 각 증권사별로 차이가 있으므로 자세한 내용은 각사 고객센터에 문의하면 된다.

참고로 주식거래는 어디까지나 투자자금으로, 앞으로 20년을 놔두겠다는 생각으로 해야 한다. 계속 주가 동향을 체크하거나 수시로 거래하기 보다는 가능한 우량한 종목에 투자해 장기적으로 묻어두는 게 좋다. 내 자식을 위한 '가치투자'라는 생각으로 말이다.

증권계좌개설시필요서류

구분		구비서류
본인		본인 실명확인증표: 주민등록증, 운전면허증, 여권등 거래인감 또는 서명
대리인	가족인 경우	대리인 실명확인증표, 가족관계확인서류, 거래인감
	가족이 아닌 경우 (형제/자매 포함)	본인실명확인증표, 대리인 실명확인증표, 본인위임장, 본인인감증명서, 거래인감
	미성년자의 경우	법정대리인 실명확인증표, 가족관계확인서류(주민등록등본, 가족관계증명서 등), 거래인감

금융상품 잘 모를 땐 펀드에 맡겨보자

투자에 있어서 공격적이고 여유가 있다면 주식 투자도 하나의 방법이지만 사실 펀드를 더 추천하고 싶다. 개인이 기업의 가치에 대해 잘 파악하기도 어렵고 매번 주식을 사고파는 것도 쉬운 일은 아니다. 만약 주식을 투자했던 기업이 상장폐지라도 당하면 말할 수 없을 정도의 충격을 받을 수도 있다.

주식투자가 너무 어렵고, 기업에 대해서도 잘 모르겠지만 금리보다는 더 많은 수익을 내고 싶다면 펀드 투자가 해답이 될 수 있다.

펀드는 주식이나 채권 파생상품 등 유가증권에 투자하기 위해 조성되는 투자자금으로, 일정금액 규모의 자금 운용단위를 말한다. 유형별로는 공사채형과 주식형으로 분류한다.

공사채형 펀드는 펀드에 투자할 때 투자자금을 예치해 둘 수 있는 기간에 따라 초단기형·MMF형·단기형·중기형·장기형·2년 이상형·분리과세형 등으로 나눈다. 주식형 펀드의 경우에는 약관상의 주식편입비율에 따라 안정형·안정성장형·성장형·자산배분형·파생상품형 등으로 구분한다. 목돈을 한 번에 넣어두는 거치식과 매월 일정 금액을 넣는 적립식으로 가입이 가능하다.

수익률은 기준가격의 상승률로 계산한다. 수익률은 원칙적으로 투자신탁자금을 결산할 때 지급되는 이익분배금 지급률(분배율)로 계산하지만 펀드의 경우에는 수익자별로 수익증권의 매입 시점과 매도(환매) 시점이 다르기 때문이다.

정의는 어려워 보이지만 쉽게 설명하면 돈을 자산운용사의 펀드 상품에 투자해 추후 수익이 나면 환매라는 절차를 통해 원금과 수익을 받는 투자 방법이다. 자산운용사는 펀드에 가입한 고객들의 돈을 모아 주식이나 채권을 산다. 주식이나 채권의 가치가 상승하면 그 수익금을 가입한 고객들에게 나눠 주는 식이다. 짧게는 수개월, 길게는 수십 년 동안 투자하는 중장기적인 재테크 수단이다.

여러 펀드 형태 중에서도 장기 적립식펀드는 부모와 자녀가 함께 투자가능한 대표적인 상품이다. 역시 주식을 기반으로 한 투자상품이기 때문에 미성년자는 펀드에 직접 가입할 수 없지만 부모의 주민등록등본으로 금융회사를 방문하면 아이의 명의로 가입이 가능하다.

국내 주요 자산운용사들은 자녀를 대상으로 한 '어린이펀드'를 판매하고 있다. 자녀 명의로 가입이 가능한 상품으로 주로 증권사나 은행에서 펀드에 가입할 수 있다.

가입은 앞서 주식 계좌 개설과 유사하다. 일부 은행 등에서는 미성년자 명의의 기본증명서를 요구하는 경우도 있어 미리 가까운 지점 등에 확인하는 게 좋다. 적립식으로 가입할 경우 매월 돈을 이체해 줄 부모 본인의 통장도 필요하다.

펀드는 예 · 적금처럼 원금을 보장해 주지는 않는다. 주식처럼 운용 결과에 따라 이익이나 손실이 투자자의 책임이다. 하지만 주식과는 다른 간접투자상품이다. 고객의 돈을 모아 펀드를 구성해 금융기관의 펀드매니저가 투자자를 대신해 투자하고 그 성과에 따라서 투자자에게 수익을 나눠주는 실적배당형 상품이다.

즉 펀드에 투자하게 되면 전문가인 펀드매니저가 비전문가인 고객 대신 투자하기 때문에 직접투자 시 발생하는 높은 리스크를 줄일 수 있고 분산 투자가 가능하다. 또한 투자목적에 따라서 다양한 투자상품을 선택할 수 있다.

기본적으로 펀드는 '주식형'과 '적립식'을 기반으로 하는 투자 수단이다. 펀드에 적립식으로 가입하면 매달 조금씩 투자해 평균 매수 단가를 낮출 수 있기 때문에 실제로 체감하는 수익률은 안정적이다.

주식형, 채권형, 혼합형으로 다양하게 선택이 가능하지만 어린이펀드는 10년 이상의 장기 투자가 목적이기 때문에 다양한 투자자산에 골고루 분산 투자할 것을 추천한다.

적립식으로 매수 단가를 낮출 수 있기 때문에 주식형, 채권형, 혼합형의 자산에 나눠 투자해 다양한 자산에 투자 경험을 가져볼만 하다.

지난 5년간 유형별 누적 수익률을 살펴보면 국내 주식형 평균 5.29%, 국내 혼합형 14.66%, 채권형 20.53%이다. 현재 채권형이 가장 높은 수익률을 기록하고 있지만 주식과 채권 시장 환경, 국내외의 경제상황에 따라서 수익률은 달라질 수 있기 때문에 주기적으로 관리할 필요는 있다.

기본적으로는 어린이펀드 역시 주식, 채권 등에 투자하는 일반 펀드와 차이가 없다는 분석도 있다. 그러나 대부분의 어린이펀드는 장기적인 전망이 밝은 기업, 업종에 주로 투자를 한다. 업종을 대표하는 우량 기업에 투자해 안정성을 확보하고 성장성이 큰 기업을 발굴하는 가치투자 기법을 선호한다.

펀드 투자의 또 다른 장점 하나는 증여세다. 증여세를 신고하면 신고 후 주식 또는 펀드의 투자 수익에는 증여세가 과세되지 않는다. 그러나 현행 법에서는 증여세 신고를 한 자녀의 증여받은 재산이라 하더라도 증여받은 후 부모가 주식을 계속 거래하는 것은 실질적인 투자행위로 판단한다. 증여를 한 자산으로 주식매매차익을 얻은 경우는 상속세 및 증여세법 제2조 및 제42조에 의해 증여에 해당된다.

이 경우 애초 증여받은 금전 또는 주식 외에 그 매매차액에 대해 추가로 증여세를 물수도 있다. 즉 증여받은 자금을 펀드에 넣어두고 펀드 자체의 운용으로 재산가치가 늘어난 것은 새로운 증여에 해당되지 않아 추가로 증여세가 과세되지 않는 것이다. 증여세는 10년간 2000만 원까지는 세금이 공제된다는 점도 확인해두자.

참고로 펀드에 가입하게 되면 분기별로 펀드의 운용현황에 대한 자산운용보고서를 받아볼 수 있다. 가령 국내 대형성장형 주식에 투자하는 어린이펀드에 가입했다면 어린 자녀들에게도 친근한 삼성, 현대, LG, 롯데 등의 국내 대기업에 투자하기 때문에 더욱 편안하고 관심 있게 투자할 수 있다.

아직은 자녀가 어리지만 초등학생, 중학생이 됐을 때 그동안 부모가 해왔던 펀드 투자에 대해 설명하며 아이들에게 국내 주요 기업에 대한 친근감을 높이고 체계적인 경제관념을 심어줄 수 있다. 용돈을 펀드에 투자토록 해 운용보고서를 보며 투자했던 자신의 돈이 어떻게 늘어나고 줄어드는지 확인하는 재미도 느끼게 될 것이다.

펀드 Q&A

질문 : 집합투자기구라는 말은 무엇인가요?

답변 : 집합투자기구라 함은 집합투자를 수행하기 위한 투자신탁과 투자회사 및 투자전문회사를 말하는 것으로 일반적으로 펀드라고 이해하면 될 것입니다. 예를들어 주식에 주로 투자하는 집합투자기구가 있다고 한다면 그 집합투자기구를 지칭할 때 일반적으로 주식형펀드라고 합니다.

질문 : 수익증권이란 무엇인가요?

답변 : 펀드는 다수의 투자자들로부터 자금을 모아 투자를 하고, 그 투자실적을 되돌려 주는 금융상품입니다. 그런데 펀드의 투자실적을 다수의 투자자들에게 돌려주기 위해서는 투자자 개인별 펀드에 대한 투자비율을 알아야 가능하게 됩니다. 이 비율을 알기위해 펀드에서는 투자자가 펀드에 가입할 때마다 증권을 발행하여 투자자에게 교부(통장에 표시)하는데 이때의 증권을 수익증권이라고 합니다.

질문 : 펀드에 투자하려면 목돈이 필요한가요?

답변 : 특별한 펀드를 제외하면 대부분 펀드에서 발행하는 수익증권의 최초 기준가격은 1좌=1원이므로 이론적으로 1원 이상만 된다면 펀드에 투자할 수 있습니다. 그만큼 펀드는 소액의 자금으로도 투자할 수 있다는 것입니다. 다만, 은행, 증권회사 등 펀드를 판매하는 투

자중개업자별로 판매정책에 따라 최저 투자금액을 별도로 정하는 경우가 있을 수도 있습니다.

질문 : 적립식펀드는 만기 이후 반드시 자금을 인출해야 하나요?

답변 : 펀드는 펀드에 자금이 있는 한 계속 투자·운용됩니다. 따라서 적립식펀드로 만기가 된 후 당장에 자금이 필요하지 않다면 펀드에서 자금을 인출하지 않아도 그대로 운용이 지속되므로 굳이 자금을 인출할 필요는 없으며, 향후 투자자 개인의 자금수요에 따라 인출시기를 결정하면 됩니다.

질문 : 펀드 투자시 원금은 보존되나요?

답변 : 펀드는 원금이 보존되지 않습니다. 왜냐하면 펀드에서 투자한 주식, 채권 등 자산 가격의 하락으로 펀드 투자실적은 손실 빌생(원금손실)이 가능한데, 펀드는 이 투자실적을 그대로 돌려주는 실적배당형 금융상품이기 때문에 그렇습니다. 따라서 펀드 투자시에는 가급적 여유자금을 장기투자, 분산투자, 적립식투자의 방법으로 투자하는 것이 현명한 방법이라고 판단됩니다.

질문 : 자산운용보고서란 무엇이며, 필요 없는 경우 어떻게 해야 하나요?

답변 : 자산운용보고서란 펀드를 운용하는 집합투자업자가 펀드의 운용경과 등을 작성한 후 펀드를 판매한 투자중개업자가 펀드 가입자에게 발송해주는 보고서입니다. 만약 투자자가 전자우편(e-mail)으로 받

아 보고 싶거나, 아예 발송자체를 원하지 않는다면 펀드를 가입한 투자중개업자에 방문하여 의사표시를 하면 됩니다.

어린이펀드 어떻게 고를까

대표적인 어린이펀드로는 한국투자신탁운용의 '한국투자 네비게이터아이사랑 증권펀드', 신영자산운용의 '신영주니어경제박사 증권펀드', 미래에셋자산운용의 '미래에셋우리아이3억만들기 증권펀드', 한국투자밸류자산운용의 '한국밸류10년어린이증권펀드', 신한BNP파리바자산운용의 '신한BNPP엄마사랑어린이펀드' 등이 있다.

아이사랑, 주니어, 우리아이 등의 펀드 이름으로 인해 어린이펀드로 분류되는데 일반펀드와 운용전략은 거의 동일하다. 어린이펀드도 국내주식형, 국내주식혼합형, 해외주식형 등에 주로 투자한다.

운용전략은 비슷하지만 미래의 자녀 교육비와 결혼자금 마련을 위해 장기적인 계획을 세우고 있는 부모들을 위한 상품이기 때문에 각 운용사 또는 판매사에서 펀드 가입자들에게 이색적인 혜택들을 제공하고 있다.

미래에셋자산운용은 어린이펀드를 가입자를 대상으로 '우리아이글로벌리더대장정'을 진행한다. 어린이펀드 가입자 가운데 선발된 학생들일 3박 4일의 일정으로 해외를 방문해 현지 학생들과의 문화교류를 펼치는 프로그램이다.

2007년 처음 시작해 현재 24회차까지 시행되었고 약 1만 1000명이 프로그램을 통해 해외연수를 다녀왔다. 미래에셋자산운용은 이외에도 '우리아이 스쿨투어', '우리아이 경제교실', '우리아이 경제박사' 등의 어린이 경제 프로그램을 국내에서 운영하고 있다. 신한BNP파리바

자산운용도 유아 및 부모대상 경제교실과 경제캠프를 운영할 예정이다.

어린이펀드 역시 증여에 해당되므로 고액을 넣을 경우 증여세도 감안해야 한다. 증여세 부분은 펀드 판매회사의 이벤트를 통해 혜택을 받을 수도 있다. 신영주니어경제박사 펀드는 증여세 관리 서비스와 어린이 상해보험 혜택을 제공하고 있다.

이외에도 어린이펀드의 경우 어린이 수준에 맞춰진 별도의 어린이용 보고서를 제공받을 수도 있다. 아직 아이가 어리지만 추후 아이의 성장에 맞춰 함께 어린이용 보고서로 경제개념을 배울 수 있다는 게 장점이다.

어린이펀드는 장기 적립식 투자 상품이기 때문에 펀드 수수료도 중요하게 고려해야 한다. 펀드온라인코리아(http://www.fundonline.co.kr/)가 운영하는 펀드슈퍼마켓(http://www.fundsupermarket.co.kr/)을 통해 가입하면 일반 시중 은행과 증권사를 통해 가입하는 것보다 상대적으로 저렴한 수수료와 보수로 가입할 수 있다.

펀드슈퍼마켓 계좌를 개설하려면 전국 우리은행, 우체국, SC은행, 새마을금고나 서울 여의도에 소재한 펀드온라인코리아 영업부에 방문하면 된다. 계좌 개설 후 펀드슈퍼마켓 홈페이지에서 정회원으로 가입하고 공인인증서를 등록하면 끝이다.

참고로 미성년인 자녀 명의로 가입할 경우는 우리은행과 우체국만 개설되니 꼭 이 두 곳 중 한 곳을 찾아야 한다. 우리은행에서 계좌를 개설해 제휴카드를 발급 받으면 ATM을 통해 편리하게 현금 입·출금을 이용할 수도 있다.

 필요한 서류는 법정대리인의 실명확인증표(주민등록증 등), 법정대리인을 확인할 수 있는 서류(주민등록등본, 호적등본, 가족관계증명서 등)와 기본증명서, 거래인감 등이 있어야 한다. 주민등록등본, 가족관계증명서 등의 증명서는 발급일로부터 3개월 이내 서류만 가능하다. 계좌개설은 통상 지점의 업무시간인 평일 오전 9시에서 오후 4시까지 가능하다.

 주요 어린이펀드를 살펴보면 국내 주식형이 대부분이지만 해외투자 펀드도 고려해볼만하다. 장기투자의 특성에 따라 글로벌 시장에 분산투자하는 것도 요령 중 하나다.

 어린이펀드를 고를 때에는 장단기 성과를 모두 고려해야 한다. 무조건 펀드 규모가 큰 펀드를 선택하기 보다는 기간별로 성과가 골고루 안정적으로 수익을 내고 있는 펀드를 선택하는 것이 좋다.

 고령화, 저출산, 저금리 기조에 접어든데 반해 부모의 퇴직연령은 낮아져 노후 대비가 일찍 필요해졌다. 어린이펀드의 특성상 장기투자를 투자목적으로 하는 상품이기 때문에 안정된 운용전략을 구사하는 펀드를 선택하는 것이 좋다.

 투자성향과 기대 수익률을 고려해 적합한 유형의 펀드를 선택하고 장기적으로 책임 있는 운용이 가능한지 운용사의 경영상태도 살펴보는 것이 현명하다. 펀드매니저 개인 역량에 의존해 운용되는 펀드보다는 철저한 리서치와 변동성 위험을 줄인 운용 프로세스를 갖춘 펀드인지 참고하는 것이 필요하다.

'만능통장' 주택청약종합저축은 무조건 만들자

넉넉한 이자, 사실상 만기 없는 가입조건, 거기다 청약자격까지 주는 '만능청약통장'인 주택청약종합저축은 무조건 가입해 두자.

이전에는 청약저축, 청약예금, 청약부금 등으로 나눠져 판매됐지만 국민주택 및 민영주택에 모두 청약할 수 있는 주택청약종합저축 상품이 나오면서 대부분 이 통장을 만든다.

이 통장은 매월 약정납입일(신규가입일 해당일)에 월저축금을 납입하는 적금식 상품으로 순위가 발생하고 소정의 청약자격을 갖추면 국민주택 및 민영주택에 모두 청약할 수 있는 입주자저축 상품이다.

가입기간은 840개월, 70년으로 사실상 만기가 없다고 보면 된다. 전 금융기관에 걸쳐 청약상품(청약예금, 청약부금, 청약저축, 주택청약종합저축)은 1인당 1계좌만 가능한 것도 기억하자.

각 회차당 2만 원 이상 50만 원 이하 범위 내에서 5000원 단위로 자유납입이 가능하며 입금하려는 금액과 납입누계액의 합이 1500만 원 이하인 경우 50만 원을 초과해 입금할 수도 있다. 또 정상 납입회차에 추가해 최고 24회까지 선납도 가능하다.

금리는 변동금리로 가입기간에 따라 차등돼 있다. 2015년 10월 기준 1개월 이내는 무이자지만 이후 1년 미만까지는 연 1.5%, 1년 이상 ~2년 미만은 연 2.0%, 2년 이상은 연 2.5%의 금리가 제공된다. 이자율은 국토교통부 장관 고시에 의해 변동될 수 있다. 이자는 해지할 때 원금과 이자를 합쳐 일괄 지급된다.

초보 아빠엄마를 위한
똑똑한 재테크

미성년자에 대한 납입인정 제한 규정은 있다. 국민주택에 청약할 경우 만 19세 이전에 납입인정된 회차 중 입금순서에 관계없이 납입금액이 많은 회차 순으로 최대 24회까지만 누계해 납입인정금액을 산정한다. 민영주택에 청약할 경우 가점제 적용 시 만 19세 이전의 청약통장 가입기간은 최대 2년까지만 인정된다.

아이가 성인이 될 때까지 19년 동안 넣는다 해도 청약 시 회차는 24회까지만 인정을 받을 수 있는 셈이다. 그러나 수도권의 경우 가입 후 12개월 경과 및 납입인정회차 12회 이상이면 1순위가 되기 때문에 미리 만들어둬도 좋다. 현재 기준으로 연간 2.5%의 괜찮은 금리를 제공하는 상품은 그리 많지 않기 때문이다.

참고로 이 상품은 예금자보호법에 따라 예금보험공사가 보호하지 않으나 주택도시기금에 의해 정부가 별도로 관리하고 있어 손해를 볼 확률은 거의 '제로'다.

만약 무주택자인 아빠나 엄마도 이 통장이 없다면 아이 것뿐만 아니라 본인들 것도 당장 만들어두자. 웬만한 적금보다 이자도 높아 무조건 득이 되는 상품이다.

총급여 7000만 원 이하 근로소득이 있는 근로자로서 세법에서 정하는 무주택세대주라면 소득공제 혜택도 있다. 과세연도 납입액의 40%가 소득공제된다. 연간 납입액 가운데 240만 원 한도 내에서 최대 96만 원의 절세효과를 얻을 수 있다.

신한은행은 이 상품을 '마이홈플랜 주택청약 종합저축'으로 판매하며 고객센터(전화 1588-1773), 스마트폰, 영업점, 인터넷 등에서 가입

할 수 있다. KB국민은행(전화 1800-9999)과 우리은행(전화 1588-5000), KEB하나은행(전화 1599-1111) 등은 '주택청약종합저축'으로 출시했다.

우리은행은 특이하게 '우리아가사랑토마스 주택청약종합저축'이라는 이름으로 자녀를 위한 만능통장도 내놨다. 앞서 아이 첫 통장 개설 시 정부 지원 바우처(1만 원) 지원을 받을 수 있고 자동이체를 등록하면 동부화재와 제휴해 영유아 무료 상해보험에 가입해준다. 소아 3대 암 진단비는 계좌당 1000만 원, 스쿨존 교통사고 보상 위로금 500만 원, 24시간 상해후유장애 500만 원 등이 보장된다.

아낄 수 있는 건
아껴보자

애기 필수예방접종은 공짜로

아이가 태어나자마자 각종 예방접종도 필수적으로 맞아야 한다. 만 만치 않을 비용 때문에 덜컥 겁부터 난다. 정부는 2009년부터 국가예 방접종 지원사업을 시작해 지정 의료기관에서 2015년 10월 기준 13 종에 달하는 국가예방접종비 전액을 지원하고 있다.

영유아 예방접종률을 향상시키고, 양육자의 육아 부담을 덜기 위해 보건소뿐만 아니라 시장·군수·구청장 등이 예방접종업무를 위탁한 의료기관에서 예방접종을 할 경우에도 비용을 지원해준다.

만 12세 이하 어린이가 대상으로 2015년 지원대상 백신은 BCG(피 내용), B형간염, DTaP(디프테리아/파상풍/백일해), IPV(폴리오), DTaP-IPV(디프테리아/파상풍/백일해/폴리오), MMR(홍역/유행성이하선염/풍진), 수

두, 일본뇌염(생백신, 사백신), Td(파상풍/디프테리아), Tdap(파상풍/디프테리아/백일해), Hib(b형 헤모필루스 인플루엔자), PCV(폐렴구균), A형간염 등이다.

A형 간염은 올해 5월부터 생후 12개월 이상, 36개월 이하 유아를 대상으로 주소지에 관계없이 병원과 의원에서 무료로 예방접종을 받을 수 있게 됐다. Hib, 폐렴구균은 생후 59개월까지만 무료다. 결핵 경피용, 로타바이럿, 인유두종바이러스(HPV)등은 지원 미대상 백신으로 비용은 본인이 전액 부담해야 한다.

일부 백신은 접종이 지연된 경우 접종이 생략돼 총 접종횟수가 줄어들거나 접종이 불필요 할 수 있다는 점도 참고하자. 접종이 지연된 경우에는 향후 접종일정에 대해 의사와 꼭 상담해야 한다.

접종을 받으려면 신분증과 아기수첩을 지참해 근처 지정 의료기관에 방문하면 된다. 의료기관은 예방접종도우미 홈페이지(https://nip.cdc.go.kr/)에서 확인 가능하다. 전국 보건소 및 질병관리본부 예방접종관리과(전화 043-719-6850~6852), 보건복지부 콜센터(전화 129)에서 상담을 해준다.

예방접종증명서는 민원24 홈페이지(http://www.minwon.go.kr/) 인터넷발급 서비스에서 무료로 발급이 가능하며 문자 수신을 동의할 경우 예방접종 확인 및 다음 접종 사전알림서비스도 제공된다.

참고로 예방접종도우미 홈페이지나 스마트폰 애플리케이션을 통해 아기 정보를 등록해두면 어느 시기에 어떤 예방접종을 받아야 하는지, 어떤 접종을 받았는지, 다음번 접종할 백신과 시기 등도 체계적으로 관리할 수 있어 꼭 확인해보는 게 좋다.

혹 아이와 함께 해외에 나갈 경우에는 예방접종도우미 해외여행질병정보센터(http://travelinfo.cdc.go.kr/)에서 필요한 예방접종에 대해 확인을 해놓도록 하자.

아이 장난감은 웬만하면 사지마라

아이들을 키우다 보면 의식주를 제외하고는 장난감이나 기타 육아용품들이 가장 큰 지출 항목이다. 소중한 내 아이이기에 웬만하면 모든 용품들을 새것으로 구매하고 싶어지는 게 부모들의 솔직한 맘이다.

그러나 아이들은 정말 금방 큰다. 언제 뒤집기를 처음 할까 부모 속을 태우던 아이가 어느새 뛰어다니며 집안 구석구석을 엉망으로 만든다. 한편으론 흐뭇하기도 하지만 또 한편으로는 아이의 성장에 맞춘 새로운 장난감도 고민거리다.

2014년 기준 장난감 시장의 규모는 1조 원을 넘었다. 10여 년 전인 2000년대 초반에 비해 2배 이상의 가파르게 성장했다. 장난감을 포함한 도서, 애니메이션, 의류, 게임 등 어린이 산업 전체 규모는 2012년 이미 30조 원을 넘었다고 한다.

비록 저출산으로 장난감의 총수요는 줄고 있지만 고급화를 통해 장난감 가격이 올라간 게 가장 큰 이유다. 그러나 우리가 굳이 장난감

회사들의 수익을 올려줄 필요는 없다.

주변을 찾아보고 몸을 조금만 움직이면 장난감 고민은 쉽게 해결할 수 있다. 요즈음은 각 지방자치단체별로 장난감을 대여해주는 곳들이 많이 생겨났다. 서울의 경우 거의 모든 구 단위 육아종합지원센터에서, 지방 시·도 역시 육아지원센터에서 각각 장난감을 대여해주고 있다.

예를 들어 서울 구로구는 구로구시설관리공단을 통해 '구로꿈나무장난감나라(http://toy.guro.go.kr/)'를 운영하고 있다. 전국 최초로 아동전용놀이시설 구로꿈나무장난감나라를 지난 2004년 100평 규모로 개관했다.

당시 전국 232개 자치구 중 최초로 문을 연 꿈나무장난감나라는 처음엔 구로구 주민을 대상으로 연회비 1만 원(저소득층 무료)을 받고 1년 단위 회원제로 운영했다. 1년에 1만 원만 내면 마음껏 장난감을 대여할 수 있는 시스템이다.

하나의 장난감을 최대 2주간 빌릴 수 있고 반납하면 바로 다른 장난감을 대여할 수 있다. 만약 반납기한을 넘기면 하루 200원의 연체료를 받는다. 이런 연체료들을 모아 또 다른 장난감 구입에 투자하는 방식이다.

꿈나무장난감나라가 인기를 끌자 인근 자치구 및 주민들의 요구로 서울시 전 주민을 회원가입 대상자로 확대했다. 부부의 주소지가 서울이 아니더라도 부부 중 한 명이 서울 소재 회사에 다니기만 해도 가입이 가능토록 했다. 2005년에는 2호점도 만들었다. 위생이 불안한 회원들을 위해 반납 즉시 직원들이 장난감을 소독하는 모습까지 보여줬다.

아동전용 놀이시설로서 성공적인 모범사례가 전파돼 인근 동작구, 성북구, 송파구, 용산구 등 서울 내 지자체는 물론 경기도 안양시, 전라남도 순천시, 제주도 등이 벤치마킹해 각각 유사한 시설 운영에 들어가는 등 전국적으로 확대되는 추세다.

예를 들어 아이 부모들 사이에서 '국민문짝'으로 불리는 미국 F사의 장난감은 인터넷 쇼핑몰에서도 대략 15만 원 정도다. '국민아기체육관'으로 불리는 F사의 장난감 역시 10만 원에 육박하는 비싼 장난감이다.

이 장난감의 사용연령은 6개월부터 36개월까지인데 실제 아이들이 가지고 노는 기간은 채 1년도 되지 않는다. 아이들은 같은 장난감에는 금방 흥미를 잃기 때문이다. 덩치까지 꽤 큰 이 플라스틱 장난감들을 집안에 계속 놔둘 수도 없는 처지니 결국엔 주변에 전해주거나 중고로 파는 수밖에 없다.

아주 작고 부담 없는 장난감은 사주자. 그러나 나중에 처치가 곤란해질 큰 장난감들은 가능한 대여하는 게 좋다. 지방자치단체의 장난감 대여가 쉽지 않다면 전문적으로 장난감들을 대여해주는 사설업체를 이용하는 것도 한 방법이다. 이들은 새로운 장난감을 수시로 들여와 일정 비용을 받고 빌려 준다. 택배로 주고받기 때문에 생각보단 번거로움도 크지 않다.

중고 제품도 적극 활용하자. 아이들을 키우는 부모들의 카페인 네이버 '맘스홀릭베이비(http://cafe.naver.com/imsanbu/)는 회원이 무려 230만 명을 넘는다. 엄마들끼리 많은 정보를 공유할뿐더러 중고 장난감, 육아용품들 거래도 활기차다. 지역의 육아 카페나 공동구매, 해외 직접구매(직구) 등도 대안 중 하나다.

국내 최대 중고 거래 카페라는 네이버의 '중고나라(http://cafe.naver.com/joonggonara/)'는 어마어마한 중고 물품 거래가 이뤄지고 있다. 필요한 장난감이나 육아용품이 있다면 스마트폰 애플리케이션을 이용해 '키워드'를 등록하면 물품이 올라올 때마다 알림을 해줘 편리하다.

비싼 돈을 주고 사서 집에 쌓여가기만 하는 장난감은 골칫거리 중 하나다. 장난감 살 돈을 아껴 애기 통장에 더 저축하는 게 훨씬 이득이다.

장난감 대여 가능한 육아종합지원센터

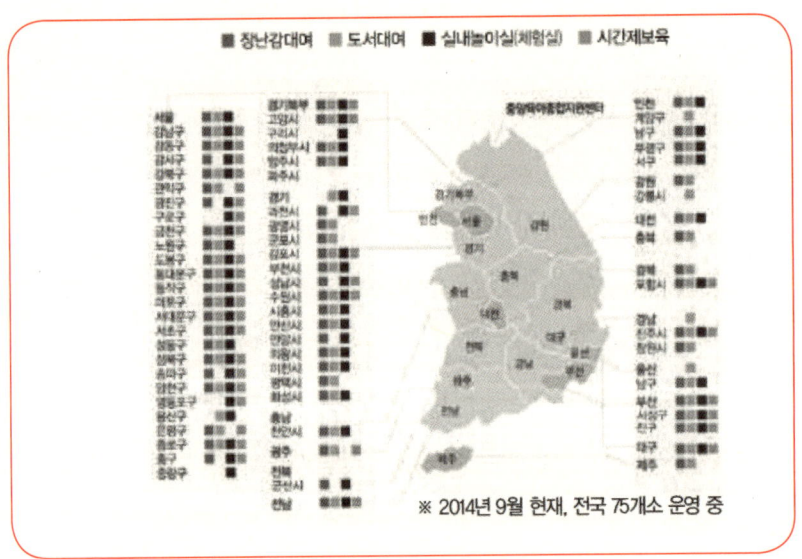

※ 2014년 9월 현재, 전국 75개소 운영 중

초보 아빠엄마를 위한
똑똑한 재테크

'북스타트'로 책도 얻어 보자

'북스타트(Bookstart)'는 '책과 함께 인생을 시작하자'라는 취지로 북스타트코리아와 지방자치단체가 함께 펼치는 지역사회 문화운동 프로그램이다.

북스타트 운동은 1992년 영국에서 영문학 교사이자 사서였던 웬디클링의 제안으로 시작돼 1999년 영국 전역으로 확대됐다. 이후 일본·호주·미국·캐나다·독일 등으로 확산됐으며 우리나라는 2003년 4월부터 시범 사업이 시작돼 현재 전국적으로 퍼져 있다.

북스타트 운동에 참여한 아이들은 참여하지 않은 아이들보다 책 읽기에 3배 정도로 관심을 더 보였고 인지 능력, 언어 습득 능력과 집중력, 어머니와 아기의 상호 작용, 책의 유익함에 대한 인식 등에서 평균보다 월등한 능력을 보였다.

또 책을 좋아하는 어린이·청소년으로 자라나고 나중에는 책 읽는 어른으로 성장하는 것으로 나타났다고 한다.

북스타트는 아기들의 정기 예방접종 시기에 해당지역 도서관, 보건소, 평생학습정보관, 동사무소 등에서 그림책이 든 가방을 선물한다. 아기와 부모가 그림책을 놓고 깔깔 웃고 춤추고 노래하고 함께 이야기하는 행복과 즐거움의 프로그램이다.

그림책을 매개로 아가와 부모가 풍요로운 관계를 형성하고 대화를 통해서만 길러지는 소중한 인간적 능력들을 심화시킬 수 있도록 돕는다는 취지다.

현재 북스타트는 '꾸러미', '플러스 꾸러미', '보물상자 꾸러미', '초등 꾸러미', '중등 꾸러미', '고등 꾸러미' 등 단계별로 나눠서 무료로 지원을 받는다. 지난 한 해 동안 약 12만 7000명의 아기들에게 북스타트 꾸러미가 전달됐다. 현재 서울 34개, 경기 20개, 인천 21개, 부산 6개 등 전국적으로 240여개 기관이 참여하고 있다.

3개월부터 18개월 아가들을 대상으로 하는 '꾸러미'는 북스타트 가방, 프로그램 안내 책자, 그림책 2권, 엄마아빠를 위한 책 읽어주기 가이드북, 손수건 등이 포함돼 있다.

19개월부터 35개월 아가가 대상인 '플러스 꾸러미'는 북스타트 플러스 가방, 프로그램 안내 책자, 그림책 2권, 엄마아빠 가이드북, 스케치북(A4 크기)과 크레용(12색) 등이 제공된다.

36개월부터 취학 전 아동이 대상인 '보물상자 꾸러미'는 보물상자(종이상자)와 그림책 2권, 판퍼즐(A4 크기) 등이 주어지며 중등 이상으로 성장하면 청소년 도서도 받을 수 있다.

북스타트 가입 방법은 지역의 해당 기관을 찾아 엄마나 아빠가 도서관 등의 회원에 가입하고 아기도 회원 신청을 하면 된다. 주민등록등본과 동행하는 부모의 신분증을 지참해야 하며 해당 기관에서 북스타트 신청서를 작성하면 된다.

참고로 아이의 회원 가입을 하기 위해서는 부모의 인증으로 아이핀을 발급받아야 한다. 회원 신청이 번거로울 수 있으므로 미리 집에서 해당 기관이나 도서관 웹회원으로 가입한 뒤 방문하는 게 편리하다.

신청서를 내면 아이의 이름으로 된 도서관 회원증을 발급해주고 북스타트 물품들을 받으면 된다. 매년 북스타트 꾸러미 책자도 변경되므로 북스타트코리아 홈페이지(http://www.bookstart.org/)에서 확인하는 것도 좋다.

지역 내의 북스타트 시행 기관을 확인하려면 북스타트 홈페이지로 들어가서 '시행기관' 메뉴를 보면 각 시·군·구별로 확인을 할 수 있다.

'세금절약' 세(稅)테크도 재테크다

납세는 국민의 4대 의무 중 하나다. 우리의 세금으로 국가가 운영되고 복지 혜택을 받을 수 있기 때문에 세금을 잘 내는 것은 물론 중요하다. 하지만 세금을 아껴 내는 것은 개인의 자유다.

탈세는 고의로 사실을 왜곡해 불법적으로 세금을 줄이는 것이다. 발각되면 법에 따라 처벌을 받는 큰 범죄다. 반면 절세는 세법이 허용하는 범위 내에서 합법적으로 세금을 줄이는 재테크의 요령이다.

가장 큰 절세 방법은 바로 연말정산이다. 정부가 각종 공제 항목을 줄이면서 '13월의 월급'이라던 연말정산이 '13월의 폭탄'으로 바뀌어 가고 있다. 일찍 결혼해 아이를 키우는 월급쟁이들은 연말정산 덕을 톡톡히 봤다며 자랑하는 반면 혼자 사는 월급쟁이 총각은 아무리 애를 써도 수십만 원 이상을 토해냈다.

이제 우리도 결혼을 했고, 아이도 있다. 당연히 연말정산에서 인적

공제를 받을 수 있게 됐다. 인적공제는 근로자의 최저생활을 보장할 수 있도록 부양가족의 상황에 따라 세 부담을 줄여주는 고마운 제도다.

기본공제는 본인과 배우자, 부양가족이 해당된다. 공제 한도는 각각 150만 원씩이다. 부양가족은 남녀 모두 60세 이상의 직계 존속이거나 20세 이하의 직계 비속과 동거 입양자, 20세 이하 또는 남녀 60세 이상의 형제, 자매가 적용을 받을 수 있다.

우리는 추가적으로 세액공제도 받을 수 있다. 2013년까지는 6세 이하의 자녀가 있으면 1인당 100만 원이 추가 공제됐다. 다자녀 추가공제도 있었다.

그러나 2014년부터 관련 법령 개정으로 소득공제에서 세액공제로 바뀌었다. 자녀가 1명일 경우 15만원, 2명은 30만원, 3명 이상은 아이당 20만원씩 늘어난다. 아이가 넷이면 70만 원을 세액공제 받을 수 있는 것이다.

예를 들어 올해 아이를 출산했다면 1인당 200만 원의 출생 공제, 150만 원의 기본 공제를 받고 자녀에 대한 인당 15만 원의 세액공제를 받게 되는 셈이다.

참고로 소득공제는 과세표준에 의해 세금을 내는 구간 중 소득을 공제해주는 것을 의미한다. 세액공제의 경우 과세표준에 세율을 곱해서 산출세액을 먼저 구한 뒤에 세액공제를 하는 방식이다. 기본적으로는 소득이 적은 사람은 세액공제가, 소득이 많은 사람은 소득공제가 유리하다고 보면 된다.

초보 아빠엄마를 위한
똑똑한 재테크

이외에도 70세 이상 경로우대자, 장애인이나 입양자, 맞벌이 부부 등은 기준에 따라 추가 공제가 가능하므로 연말정산 시 함께 체크해야 한다.

아이를 위해 가입한 생명보험 등 보장성보험, 아이가 병원에서 치료받을 때 지출한 의료비, 어린이집이나 유치원에서 쓴 교육비는 모두 특별 공제를 받을 수 있다. 웬만한 항목들은 모두 국세청에서 자동으로 전산처리 되지만 누락될 수 있으므로 영수증을 꼭 챙겨놓은 것은 필수다. 쏠쏠한 연말정산을 기대해도 좋을 것이다. 참고로 만약 출산이나 자녀 공제를 놓쳤다면 3년 내에 본인이 세무서에 가서 신고를 하면 돌려받을 수 있다는 사실도 기억해두자.

참고로 이번 기회에 비과세 상품에 대해서도 조금 알아두자. 일반적으로 이자가 발생하는 금융상품은 14%의 이자소득세와, 이자소득세의 10%에 해당하는 1.4%의 주민세가 부과된다. 즉 이자의 15.4%는 세금으로 내야한다.

그러나 은행 등의 장기 금융상품이나 세금우대 저축, 보험사의 장기 저축성상품 등 특정 금융상품의 경우에는 비과세로 가입을 할 수 있다. 특히 연금저축, 연금보험, 연금펀드 등 소득공제 대상이 되는 연금상품은 예전엔 만 18세 이상 가입자가 10년 이상 연 1200만 원 이내에서 납입해야 400만 원까지 소득공제를 받을 수 있었다.

현재는 연령조건이 폐지됐고 납입기간도 5년으로 단축됐으며 연간 납입금 한도도 1200만 원에서 1800만 원으로 늘었다. 또 그동안 세법상 연금에 포함되지 않았던 사적연금도 소득공제 시 연금으로 인정해

주기로 한만큼 이를 활용하는 것도 요령이다.

이자에 대해 세금이 나오지 않는다면? 그만큼 수익률이 올라가는 셈이므로 비과세 한도부터 가입 요령까지 챙기는 게 바람직하다.

단위(지역)농협, 새마을금고 통장으로 세금 아끼자

세금을 가능한 적게 내고자 하는 부모라면 단위(지역)농협, 수협, 새마을금고, 신협 등 협동조합을 이용하는 방법이 있다. 협동조합은 일정 금액의 출자금을 내면 준조합원으로 가입을 할 수 있다. 새마을금고나 신협은 출자금 통장을 만들면 된다.

이 통장은 만 20세 이상이면 누구나 만들 수 있는데 이자에 대한 세금을 대폭 줄일 수 있다. 일반적으로 예금통장 등에서 발생하는 이자에는 14%의 이자소득세와 1.4%의 주민세를 떼어간다. 총 15.4%가 세금으로 들어가는 것이다. 그러나 협동조합을 이용하면 1.4%의 농어촌특별세만 내면 된다. 사실상 세금이 없는 수준이다. 물론 5000만 원까지 예금자보호가 되기 때문에 안전하게 맡길 수 있다.

참고로 만 60세 이상 남녀, 장애인, 국가유공자 등은 3000만 원 한도로 생계형저축상품에 가입할 수 있다. 은행 등 1금융권 외에 2금융권에서도 이용이 가능하며 아예 세금이 면제된다. 아빠, 엄마가 세금을 아끼며 저축하기에는 안성맞춤 상품이다.

4장
세살이후 대비도 시작하자

목돈 마련
일찍 시작하자

대학 학자금 준비, 시작이 반이다

벌써부터 아이들의 대학 학자금 고민을 시작해야 할까라는 의문을 가지는 부모들이 대부분일 것이다. 아래의 숫자들을 먼저 살펴보자.

관련 통계들에 따르면 대학생 학자금 대출 규모는 2015년 6월 기준 179만 3000명, 대출 금액은 총 11조 6928억 원에 달한다. 2010년 대비로는 109만 1000명(156%), 8조 90억 원(217%) 급증했다. 대학생들의 학자금 외 대출 금액도 1조 원을 넘었고 '취업 후 학자금 대출'을 상환하지 않고 있는 인원은 8만 4061명(전체의 31.7%), 미상환 금액은 1조 6126억 원(전체의 79.2%)인 것으로 조사됐다.

학자금 대출이 왜 이리 급증하고 또한 사회 문제화 되고 있는 것일까? 당연히 등록금이 가파르게 올라가고 있기 때문이다. 이제 웬만한

4년제 사립대 공대의 1년간 등록금은 대략 900만 원에서 1000만 원 사이다. 등록금이 그나마 싸다는 인문계열 조차 웬만한 곳은 700만 원을 넘는다.

올 해 평균적으로는 국·공립대의 등록금은 409만 1900원, 사립대는 733만 6600원이었다. 4년제 대학의 연간 등록금은 평균 636만 1000원으로 집계됐다. 4년 만에 졸업을 한다 해도 최소 등록금만 2500만 원이 필요하다.

자녀를 대학에 보낼 때 등록금만 있으면 될까? 만약 집에서 거리가 있다면 주거비용부터 시작해서 교재비용, 생활비용까지 못해도 수십만 원은 더 필요하다. 보통 한 자녀를 대학 졸업시키는데 6000만 원이 든다는 게 결코 과장된 숫자가 아니다.

심지어 자녀 둘이 동시에 대학을 다니게 된다면? 이쯤 되면 상상하기도 힘들만큼의 목돈이 수년간 계속 들어가야만 한다. 지금 시대는 아이를 가질 때부터 대학 학자금까지 계획을 세워야만 버텨낼 수 있다.

그러나 미리부터 좌절하지는 말자. 이제 말을 배우는 우리 아이를 위해 준비할 시간은 충분히 있다. 지금부터 천천히 준비해나가면 아이의 미래를 만들어줄 수 있다.

우리 아이가 만 3살이라면 17년 뒤 대학을 가게 된다. 등록금은 한번에 내는 것이 아니기 때문에 아이 졸업 때까지를 기준하면 여기에 4년에서 군대까지 감안하면 7년 정도를 더 준비할 수 있다. 즉 17년 뒤가 아니라 21년, 혹은 24년을 기준으로 삼고 플랜을 세우면 되는

초보 아빠엄마를 위한
똑똑한 재테크

것이다.

　가장 쉽게 준비하는 방법은, 너무나 평범해 보이지만 바로 '적금'이다. 시간적인 여유가 있기 때문이다. 원금만 계산해보자. 한 달에 20만 원을 12개월 모으면 240만 원, 10년이면 2400만 원이 된다. 이자를 감안하면 대략 3000만 원 정도까지 가능하다. 20년이면 대략 5000만 원에서 6000만 원까지 모으게 된다.

　현재로선 딱 맞는 금액이다. 물론 대학 등록금이 더 오를 가능성도 있지만 경제 상황을 감안할 때 계속 크게 인상될 가능성은 높지 않다. 1년 단위로 적금을 넣고 만기 때 이자까지 받아 다시 예금과 적금을 반복하면 그 이상의 이자 효과로 감당할만한 등록금이 마련될 것이다. 참고로 이 통장을 자녀 명의로 만들 경우 증여세 면제 한도를 벗어날 수 있기 때문에 이를 감안해 본인이나 배우자 명의 통장 등으로 분산해서 만드는 것도 좋다.

　다른 방법들도 많다. 만기 없는 적금 통장으로도 불리는 '주택청약종합저축'도 등록금 마련을 위한 좋은 통장 중 하나다. 단순한 적금과 예금 상품보다 투자를 통한 고이율을 고민한다면 펀드나 변액보험 상품도 있다.

　변액 보험은 쉽게 말해 일반 보험에 '투자' 기능을 더한 보험 상품이다. 질병·사망 등 보험사고 발생 시 미리 계약서상에 정해진 보험금을 지급받는 것을 '정액(定額)보험'이라고 한다. '변액(變額)보험'은 '액수가 변한다'라는 이름처럼 보험료의 일부를 주식·채권 등에 운용하기 때문에 운용실적에 따라 보험금이 변하는 것이다.

변액보험은 변액연금보험과 변액유니버셜보험으로 나눌 수 있다. 변액연금은 원금보장이 특징으로 거치기간 후 연금을 수령하는 방식이다. 반면 변액유니버셜보험은 원금보장을 해주지 않으며, 주식비중이 높은 투자성향이 강한 장기투자상품으로 보면 된다. 변액유니버셜보험은 손해를 볼 수도 있으므로 자녀를 위한 재테크로는 추천하지 않는다.

어린이연금도 괜찮은 대안이다. 어린이연금은 자녀가 목돈이 필요한 시기까지 장기 투자를 통한 복리효과를 누릴 수 있고 10년 이상 유지하면 비과세 혜택을 받아 세후 수익률이 높은 것이 가장 큰 장점이다.

그러나 다른 저축성보험과 마찬가지로 조기에 해약하면 효과가 미미하고, 원금 손실의 가능성도 있다. 따라서 긴급할 때는 인출이 가능하고 자금 여유가 있을 때는 추가로 보험료를 납입할 수 있는 기능이 포함된 상품으로 가입해야 한다. 출생 신고 후에 가입을 할 수 있는데 증여세 면제한도를 감안해야 한다.

요즘은 연금 개시시점을 기존 45세에서 19세로 앞당겨 고객이 원하는 시기에 적립금의 10~100% 중 원하는 금액만큼 활용할 수 있는 상품도 출시되고 있다. 또한 연금을 받는 기간도 5~10년으로 설정할 수 있어 학자금 마련 용도에 특화돼 있다고 볼 수 있다.

만약 대학 학자금이 필요 없다면 대학 졸업 후 결혼할 때나 주택을 구입할 때 목돈으로 활용할 수도 있다. 기존 연금과 동일하게 45세 이후 원하는 시기부터 연금으로 수령할 수도 있다.

대학 학자금의 경우 입대, 어학연수로 인한 휴학이 빈번한 요즘 세태를 반영해 연금 지급을 일시 중지하는 휴학 옵션이 부가돼 있기도 하다. 중지된 기간만큼 연금수령기간이 늘어나기 때문에 실제 대학 교육기간에 맞춘 현실적인 교육자금 설계가 가능한 것이다.

추가로 납입보험료의 100%를 최저 보증하는지와 자녀의 암 진단, 50% 이상의 장애 발생, 부모 사망과 같은 사유가 발생했을 때 이후 보험료를 납입면제 받을 수 있는지도 체크해야 한다.

또한 실손의료비, 수술보장 등 부족한 특약으로 보충할 수 있는지도 살펴봐야 한다. 특약에 가입 후 중도에 부가할 수 있는지 등 다양한 안전장치까지 꼼꼼하게 살펴보는 것도 중요하다.

이와 함께 체크해야 될 부분이 공시이율형연금에 가입할 것인지, 변액연금에 가입할 것인지 결정하는 것이다. 공시이자율로 늘어가는 연금은 안정적인 반면 최근의 저금리에서도 볼 수 있듯이 큰 수익을 기대하기는 어렵다.

반면 변액연금은 보험료의 일부분을 주식, 채권 등의 유가증권에 투자해 그 투자수익률로 불려 주는 상품이다. 일반적으로 보험회사의 어린이변액연금은 안정적인 채권에 주로 투자하고 일부만 주식에 투자한다. 그리고 주식 투자 비율은 계약자가 선택할 수 있다.

어린이연금도 다른 저축성보험과 마찬가지로 10년이 지나면 비과세가 적용되기 때문에 10년 이내에는 일부 금액만 인출이 가능하지만 10년 후에는 전체 적립금을 사용하는 것도 가능하다.

참고로 가입금액은 최소화 하는 것이 요령이다. 만약 매월 20만 원씩 모으겠다고 생각했다면 10만 원으로 일단 가입하고 나머지 금액은 추가 납입하는 방식이 유리하다. 통상 추가 납입 수수료가 보험사가 떼어가는 기본사업비 수수료보다 낮기 때문이다. 보험사가 알려주지 않는 수수료 절약 방법이다.

학생1인당 연간 등록금 현황

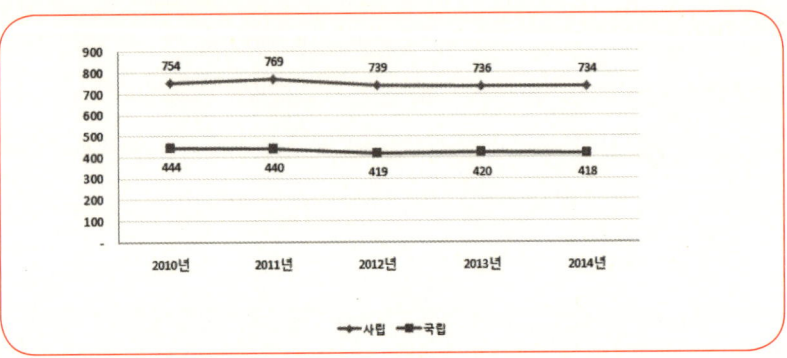

사립대 계열별 등록금 현황

(단위 : 만원)

구분	의학	예체능	공학	자연과학	인문사회
2010년	1,015	854	849	785	659
2011년	1,046	872	869	807	673
2012년	1,006	836	837	775	646
2013년	1,007	832	832	774	643
2014년	1,007	827	828	771	641

국립대 계열별 등록금 현황

(단위 : 만원)

구분	의학	예체능	공학	자연과학	인문사회
2010년	677	515	471	462	377
2011년	727	488	475	451	371
2012년	684	465	453	429	352
2013년	670	463	455	430	354
2014년	667	461	451	429	352

종신보험 갈아타기 염두에 두자

지금까지 보험을 접해본 결과 보험 가입에는 두 가지 원칙이 있다. 한 살이라도 젊었을 때 가입하라는 것과 유지할 수 있는 보험이 최고의 보험이라는 것이다.

예를 들어 사회생활을 시작해 돈을 벌고 있는 30세 남성이 종신보험에 1억 원 사망보험금과 특약까지 가입해 종합적으로 보험에 가입하려면 20년 납입 기준으로 20만 원 내외의 보험료를 내야 한다. 하지만 40세 남성의 경우에 직업 등 나머지 조건이 동일한 상황에서 30만~35만 원의 보험료를 내야 한다. 10년 먼저 가입하는 것이 30% 이상 절감되는 것이다.

20년 납입이라는 점도 주목해야 한다. 납입기간을 줄이면 보험료는 훨씬 높아져서 부담스러운 수준이 되기 때문이다. 30세에 가입하면 50세에 납입이 끝나지만, 40세에 가입하면 60세까지 보험료를 납입해야 한다. 60세까지 소득을 벌어들이는 생활을 할 수 있을지는 의문스럽다.

이를 곰곰이 생각해보면 한 살이라도 젊어서 가입하는 것이 저렴한 보험료로 똑 같은 보장을 받을 수 있음은 물론 정년 전에 납입을 끝내 유지할 가능성을 높일 수 있는 비결이다.

일반적으로 남성의 경우 20대 후반, 여성의 경우 20대 중반부터 사회생활을 시작해 소득을 벌어들인다. 물론 요즘은 취업난으로 인해 취업 연령이 늦춰지고 있고, 그에 따라 결혼 연령도 늦춰지고 있어 예로 들었듯이 30세에 가입하는 것도 쉽지 않은 것이 현실이다. 보험은 어찌되었든 돈이 묶이는 상품이기 때문에 전세 등 살 집을 마련하는 것이 먼저다 보니 보험에 가입하는 것도 쉬운 일은 아니다.

그렇지만 여기서 생각을 달리해보면 30세 이전에 가입할 수 있다면 훨씬 더 저렴한 보험료로도 큰 보장을 받을 수 있다는 것을 알 수 있다. 앞에서 태아보험의 필요성에 대해 설명했다. 상대적으로 사고나 전염병 같은 질병에 취약한 어린이보험이 필요하다는데 이의를 가지는 사람은 없을 것이다.

그렇다면 아이가 성장함에 따라 언제 종신보험과 같은 성인보험으로 바꾸는 것이 적절할까? 먼저 우리나라의 보험업법에는 만 15세 미만자의 사망을 보장하는 보험은 무효로 정의하고 있다. 사망보험금은 보험이 지급하는 보험금 중 가장 큰 축에 속하기 때문에 자칫 어린이 납치, 살해로 이어질 수 있기 때문이다.

만 15세 이상 즉 중3 이상의 고등학생이나 대학생의 경우에는 어느 정도 자기 방어 능력을 갖췄다고 판단했다고도 볼 수 있다. 그렇다면 만 15세가 되는 중3 정도에 성인보험이라 할 수 있는 종신보험에 가입하는 것이 적절할까?

슬픈 현실이지만 우리나라의 고등학생은 입시를 위해 3년 동안 모든 시간을 공부에 매진한다. 하루의 동선이 대부분 집, 학교, 학원이 고작이다. 수학여행이나 방학 때 가족여행을 제외하면 거의 정해진 코스만 움직인다고 볼 수 있다. 결론적으로 고등학생 때부터 종신보험이 필요하지는 않다.

반면 수학능력시험과 입시를 마친 후에는 운전면허를 취득하기도 하고 대학생이 되면 학과 MT 등으로 인해 여행도 자주 다니고, 술도 배우게 된다. 성인과 똑같은 위험에 노출되게 되는 것이다.

직장에 매여 사는 어른들보다 오히려 활발한 활동력으로 위험에 노출되는 빈도가 더 높다고도 할 수 있다. 고등학교를 마치고 대학에 입학하는 시기가 바로 어린이보험을 성인보험인 종신보험으로 바꾸는 적기라고 볼 수 있는 셈이다.

앞서 살펴봤듯이 어린이보험은 신체적으로 아직 미성숙한 어린이에게 주로 발생하는 사고를 보장한다. 놀이터 같은 곳에서 놀다가 다친다거나 식중독 등과 같은 전염병 등을 보장하는 것이다. 하지만 생각해보면 성인이 되고 나서 식중독에 몇 번이나 걸렸을까? 좀 상한 것 같은 음식을 먹어도 어른들은 아이들보다 쉽게 탈이 나지는 않는다.

즉 어린이가 주로 걸리는 질병과 성인이 주로 걸리는 질병과 사고의 위험은 차이가 있다. 그렇기 때문에 대학생이 돼 신체적으로 성숙한 자녀에게는 이제 종신보험을 가입해도 전혀 무리가 없는 것이다.

만약 20세에 보험에 가입하면 앞서 예로 들었던 같은 조건의 종신보험에 가입한다고 했을 때 15만 원 정도면 가입할 수 있다. 40세에 가입하는 것과는 절반 이하다. 여성의 경우에는 12만~13만 원 정도면 된다. 여성의 평균수명이 더 길기 때문에 사망보험금을 더 늦게 받아서 그 기간만큼 이자가 할인되기 때문이다.

또한 우리나라의 종신보험에서는 아직 직업적 위험에 대한 할증을 적용하지 않는다. 일반 직장인과 택시나 버스 운전기사를 비교해보자. 일반 직장인은 출퇴근 시에만 교통사고의 위험에 노출된다. 반면 대중교통 운전기사는 거의 하루 종일 교통사고의 위험에 노출된다.

교통사고라는 재해를 보장하는 보험에 가입할 때 똑 같은 보험금을 받는다면 누가 보험료를 더 내야 할까? 당연히 대중교통 운전기사 분들이 보험료를 더 많이 내야한다고 답할 것이다. 하지만 우리나라에서는 이와 같은 직업적 위험 때문에 보험료를 더 내지는 않는다.

대신 보장 받을 수 있는 금액, 즉 보험금을 제한한다. 길게 설명하는 이유는 대학생의 경우에는 거의 이런 제한을 받지 않기 때문에 충분한 보장을 가장 저렴한 수준으로 가입할 수 있다는 점을 말하고 싶기 때문이다.

또한 유지할 수 있는 보험이 최고의 보험이다. 20세에 가입하면 당연히 대학생 신분으로 소득이 없기 때문에 짧게는 5년에서 8년 정도를 부모가 납입해 줘야 한다. 나머지 15년이나 12년의 기간은 자녀가 취직을 해서 본인의 소득으로 납입하면 된다.

물론 직장 초년병이기 때문에 급여가 많지는 않지만 그렇더라고 하더라도 10여만 원이 부담스러운 수준은 아니다. 직장 생활을 시작하면 본인의 건강이나 개인적인 사정이 아니고서야 15년은 근무할 수 있지 않을까? 일반 직장에서 15년이라야 과장이나 차장급 정도니까 말이다.

12~15년이라는 기간의 의미를 또한 생각해 볼 필요가 있다. 일반적으로 사회생활을 시작하고 3~5년 후에는 결혼을 해서 가정을 꾸린

다. 이후 아이를 낳는다고 가정하면 이 아이가 초등학교도 졸업하기 전에 부모의 보험료 납입이 끝날 수 있다는 계산이 나온다.

본격적으로 교육비가 들어가기 시작하는 중학교, 고등학교 시절의 부담을 미리 덜어줄 수 있다는 계산도 나온다. 부모가 자녀에게 줄 수 있는 현명한 선물이라고 말할 수 있는 것이다.

딸이 20세일 때 종신보험으로 갈아타고 5년 동안 보험료를 부모가 대신 내주면 13만 원이라고 추정했을 때 13만 원 X 12개월 X 5년으로 780만 원을 물려주게 된다. 딸이 취직을 했을 때 축하 선물로 780만 원을 현금으로 주면 어떻게 될까? 현명한 소비습관을 가진 자녀라면 저축을 할 것이고, 어느 정도 목돈이 되면 투자도 할 것이다.

물론 일정 부분 소비해 버릴 수도 있다. 그러나 5년 동안 매월 아이를 위해 모아온 보험증서를 주는 것과 현금을 주는 것은 받는 자녀 입장에서 느끼는 점도 틀릴 것이다.

자, 이제 정리를 하면 아이가 태어나자마자 어린이연금에 가입해두는 것이 좋다. 월 10만 원씩 10년 동안 납입하는 상품 정도면 최상이다. 여유가 된다면 11세가 될 때 또 월 10만 원씩 10년 동안 납입하는 어린이 연금에 추가로 가입하자.

물론 이 돈은 이 아이의 교육비로도 쓸 수 있다. 만약 운이 좋아 아이가 대학을 마칠 때까지 소득을 벌어들이는 일에 종사해서 이 돈을 쓰지 않는다면 나중에 결혼자금으로 쓸 것이고 결혼자금도 어떻게 해결할 수 있다면 결혼하는 날 자녀에게 주면 된다.

자신이 태어났을 때부터 매월 부모가 아껴서 10만 원씩 모은 돈, 10

년 동안 납입하고 15년에서 20년 동안 쓰지 않고 아이를 위해 모아놓았던 돈, 이 돈을 받는 아이의 심정은, 이 돈을 줄 수 있는 부모의 뿌듯함은 말로 표현할 수 없을 것이다. 이런 돈을 함부로 쓸 수 있을까?

아이도 자신의 아이를 위해 조금씩 매달 돈을 모으는 일을 당연한 듯이 할 것이다. 보험이 가족 사랑의 정신을 전파한다고 말하는 이유이기도 하다. 아이를 위한 경제적 도움을 주기도 하지만 그것보다 값진 부모의 사랑을 전해줄 수 있기 때문인 것이다.

주요 어린이연금보험

보험사	상품명	주요특징	가입조건
IBK연금보험	무배당 IBK다이렉트 순수연금보험_1504	-0세부터 75세까지 누구나 가입할 수 있는 상품 -장기납입우대 혜택 -관련세법에서 정하는 요건에 부합하는 경우 보험차익 비과세 혜택	나이: 0~(연금개시나이-10세) 연금개시: 45세~85세 종류: 적립형
미래에셋생명	미래에셋생명 어린이연금보험 (무)1510 새우잠을 자더라도 고래꿈을 꾸어라 새창으로보기	-영유아기부터 노후까지 자산 관리 -교육비 준비 최적 -최저보증이율이 적용된 연금보험	나이: 0세~15세(태아가입불가) 연금개시: 45세~85세 종류: 종신/확정/상속연금형
삼성생명	우리아이부자연금보험1.9 (무배당): 적립형	-어린이 및 청소년 전용 연금보험 -0세~만14세 사이의 어린이 및 청소년이 가입가능 -장기간 거치를 통해 자녀의 먼 미래까지 준비할 수 있는 자녀대상 연금보험	나이: 0 ~ 만 14세(태아가입불가) 기간: 종신연금형 종류: 연금보험

보험사의 어린이변액보험과
펀드와의 차이점

투자수익률, 원금보장, 비과세 혜택 등 장단점 구별해 가입해야 금 융상품에 대한 관심이 커지면서 어린이를 대상으로 한 투자형 상품시 장도 상당히 커졌다. 투신권만 보더라도 자녀대상 펀드는 2004년 2개 에서 현재 10여개로 늘었고 순자산도 조 단위다. 보험업계 또한 마찬 가지로 추가 수익을 얻을 수 있는 변액보험을 내놓고 있다.

어린이 변액상품은 기본적으로 수익률에 따라 달라지고 펀드와 보 험 상품별로 장단점이 있으므로 이를 고려한 뒤 가입해야 한다고 전 문가들은 조언한다.

우선 어린이 변액보험은 보험 특성상 가입 후 10년이 지나면 비과 세 헤택이 주어져 자녀를 위해 적립식 펀드에 가입시켜주는 것에 비 해 절세가 가능하다. 또 유니버설 기능이 있는 상품은 중도인출을 통 해 긴급히 필요한 자금을 사용할 수 있어 환매를 해야 하는 펀드에 비 해 유리하다.

아울러 일부 상품들은 최소 납입보험료의 120%를 보장하는 등 변 액보험은 투자상품이면서도 펀드와 달리 원금 수준을 안정적으로 보 장해주는 사례가 많다. 펀드에는 없는 사고·질병 보장이 포함돼 있 는 것도 변액보험의 장점이다.

반면 어린이 변액보험은 보험 특성상 납입 보험료 중 위험보험료와 부가보험료를 제외한 금액만 펀드에 투자돼 수익률은 낮을 가능성이 크다.

합법적 증여, 하루라도 빨리해야

증여세도 아껴보자. 재산이 꽤 돼서 나중에 자녀에게 물려줄 때 자녀가 세금 폭탄을 맞을 수도 있다. 부모가 공장 2개를 운영하다가 자녀에게 물려주려니 공장 1개를 팔아야 세금을 낼 수 있다는 얘기가 결코 농담이 아니다.

자녀에게 재산을 물려줄 때는 살아 있을 때는 증여, 사망한 뒤에는 상속이 된다. 먼저 증여세를 이해하자. 증여세(贈與稅)는 증여에 의해 재산이 무상으로 이전되는 경우에 부과되는 조세를 뜻한다.

원래는 부모가 죽은 뒤 자식에게 재산이 이전되는 상속에 대해 상속세(相續稅)를 나라에서 받았다. 그런데 살아 있을 때 물려줘 상속세를 회피하는 경우가 생기자 이를 막기 위해 증여세를 부과하게 됐다. 엄밀히 보면 증여와 상속은 생전과 사후의 차이가 있을 뿐 재산이 무상으로 이전되는 것은 똑같기 때문이다. 증여세는 국세이자 직접세로 국세청이 걷는다.

대부분 자녀가 성인이 된 뒤에 재산을 물려주는 경우가 많다. 그러나 미리 자녀에게 물려주고 증여를 신고하면 자녀 명의의 통장에서 발생되는 수익에서는 세금이 부과되지 않는다. 증여세를 내는 기준이 최초의 증여금액이기 때문이다. 그 통장에서 늘어나는 수익은 과세대상이 아니다.

우리나라의 증여 · 상속제도는 계속 바뀌어오고 있는데 2014년부터 바뀐 세법개정안 중 하나는 증여세 공제 한도가 확대된 것이다. 증

초보 아빠엄마를 위한
똑똑한 재테크

여세 공제 한도는 기준금액이 1994년 이후 한 번도 개정되지 않아 물가상승률을 전혀 반영하지 못하고 있다는 지적에 따라 물가상승률을 감안해 공제수준을 현실화했다.

세법개정에 따라 증여재산공제, 즉 자녀에 대한 증여세 면제한도가 이전에는 3000만 원(미성년자는 1500만 원)이었지만 2014년 증여분부터는 5000만 원(미성년자는 2000만 원)으로 늘었다. 여기서 미성년자는 증여일 기준 민법 제4조에 따라 만 19세 미만인 자녀만 해당된다.

증여재산공제에는 유의할 점이 있다. 먼저 증여재산공제액은 총 10년 동안 공제받을 수 있는 한도액을 의미한다. 쉽게 말해 아이가 태어난 뒤 10년 동안 2000만 원 미만으로 증여하고, 그 뒤 10년 동안 2000만 원 미만을 증여한다면 세금을 내지 않아도 되는 것이다.

증여는 현금 외에 투자자산도 같이 적용된다. 여력이 된다면 주식이나 펀드 같은 자산 증여도 고려해볼 만하다. 예를 들어 비상장주식을 증여했는데 향후 상장이 돼 그 가치가 크게 올라간다면 증여 당시 같은 수준의 증여보다 자산을 더 키울 수 있는 것이다. 재벌이나 슈퍼리치들의 증여 수단 중 하나가 바로 비상장주식이라는 것은 널리 알려진 사실이다.

이는 자녀가 둘 이상일 경우에도 똑같이 적용된다. 관련법에서 증여는 부모와 자녀의 각각 관계로 본다. 자녀가 둘 이상이더라도 각각 증여를 받는 자를 기준으로 증여세의 신고 및 납부 의무가 있어 첫째, 둘째 그 이상의 자녀들에게도 각각 한도 내에서 똑같이 세금 없이 물려줄 수 있다.

참고로 자녀가 국내 거주자인 경우에만 공제를 받을 수 있다. 만약 자녀가 해외에 오래 거주하고 있다면 증여재산공제가 되지 않는다.

그리고 중요한 것은 증여세 신고다. 공제범위 내에서 증여를 해 세금을 면제받는다고 하더라도 신고를 해놔야 나중에 사실을 제대로 인정받을 수 있다. 신고를 해놓지 않으면 사실상 증여재산공제액 범위 내에서 증여가 있었다 해도 그 사실을 입증하기가 어려워 나중에 증여 사실을 인정받지 못할 수도 있다.

증여세 신고는 사실 쉽지는 않다. 증여세 신고자는 증여를 받는 수증자여야 하는데 일단 우리 자녀는 미성년자다. 당연히 주민등록증도 없고 학생증 같은 신분을 증명할 수단도 거의 없다. 이 경우에는 증여를 한 부모가 주민등록등본이나 가족관계증명서 등을 발급받아 증여를 받은 사람의 주소지 관할 세무서를 방문해야 한다. 사실 가까운 세무서에서 증여세를 신고해도 처리가 되니 참고하자.

이왕 세무서까지 간 김에 국세청 홈택스 이용신청서를 작성해 홈택스(http://www.hometax.go.kr/)에도 가입해 두자. 다음번에는 집에서 홈택스를 통해 쉽게 증여세 신고를 할 수 있다.

참고로 증여세 신고는 증여 받은 달이 속하는 달의 말일로부터 3개월 내에 신고 및 납부가 원칙이다. 만약 증여재산공제 범위를 넘는 증여를 했다면 꼭 이 기간 내에 신고를 하자. 기한 내에 신고납부하면 산출세액의 10%를 감해준다. 그러나 증여세 신고 및 납부를 제때 하지 않으면 막대한 가산세까지 내야할 수 있다.

증여재산공제는 10년 마다 사실상 갱신(?)되는 셈이기 때문에 세금을 아끼기 위해서는 어릴 때부터 미리 증여를 해두는 것이 좋다. 미래의 상속세가 절감되는 셈이기 때문이다. 또한 만약 소득이 없거나 적은 자녀가 나중에 재산을 취득할 때 이미 증여받은 재산에서 발생한 소득이 취득자금 원천으로 인정받을 수도 있다는 것도 알아둬야 할 점이다.

부동산을 증여할 경우도 알아두자. 증여세는 원칙적으로 재산을 평가할 때 시가가 원칙이다. 그러나 부동산을 증여할 때는 감정가액 등의 시가가 확인되는 경우를 뺀 토지는 개별공시지가, 주택은 개별주택가격, 주택 이외의 건물은 국세청 기준시가로 부동산가액을 평가, 세금을 계산한다. 개별공시지가는 통상 1년에 한 번 고시되기 때문에 고시 이전에 증여해야 조금이라도 더 세금을 아낄 수 있다.

증여세 세금계산 구조

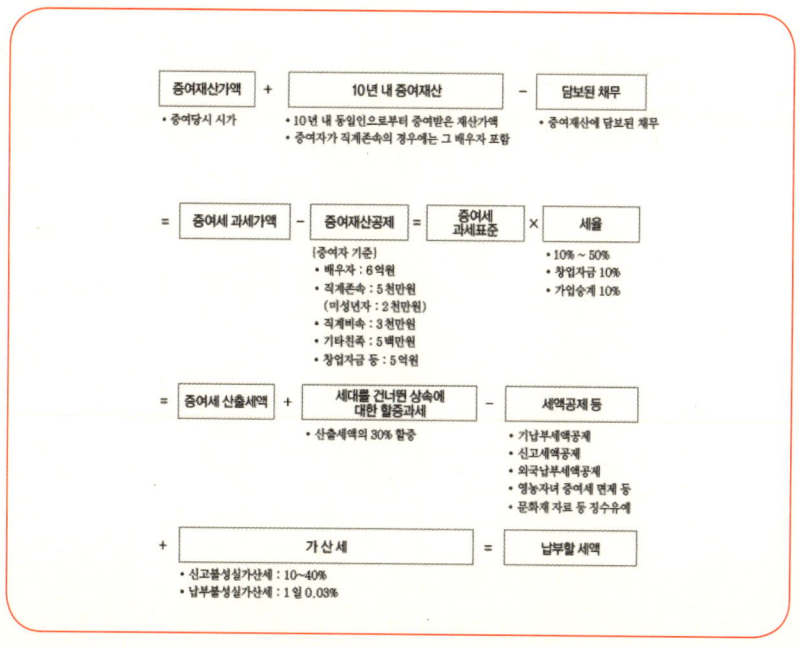

국세청이 공식적으로
추천하는 증여세 절약 방법

상속세를 절세하기 위해서 또는 미리 재산을 분배해 줄 목적으로 사전에 재산을 증여하는 경우가 흔히 있다. 왜냐하면 증여세를 어느 정도 물더라도 지금 자녀에게 재산을 증여해 주면 10년, 20년 후에는 그 재산이 몇 배 몇십 배로 늘어날 수 있는데, 증여를 하지 않고 나중에 상속을 하게 되면 지금 증여세를 내는 것보다 훨씬 많은 상속세를 내야 하는 경우가 발생하기

때문이다.

예를 들어 지금 아들(25세)에게 1억 2000만 원짜리 부동산을 증여하면 자녀공제 5000만 원을 공제한 7000만 원에 대하여 증여세가 과세되는데 이에 대한 세율이 10% 이므로 700만 원이 세금이 되며, 이 금액을 3개월 내에 자진신고하고 납부하면 10%를 공제해 주므로 내야할 세금은 630만 원이 된다.

그런데 증여를 하지 않고 20년 후에 아버지가 사망하였다고 가정할 경우 사망 당시 상속재산이 50억 원 가량 되고 위 부동산가액이 5억 원이라면 상속세는 50%의 세율이 적용되어 위 재산에 대한 상속세만 하더라도 2억 5000만 원이 된다. 따라서 세금부담이 약 40배 정도 늘어난다.

위 사례는 재산이 증가하는 것을 전제로 하였으나 현재의 1억 원이 20년 후에 얼마로 늘어날 지 아니면 오히려 줄어들지는 알 수 없으며,

현재의 세율이 20년 후에도 변하지 않는다고 할 수도 없다.

하지만 증여를 하고 10년 이내에 증여자가 사망하면 증여한 재산가액을 상속재산가액에 가산한다. 그러나 이 경우에도 상속 재산가액에 가산하는 증여재산의 가액은 증여 당시의 가액으로 하므로 부동산이나 주식 등을 증여한 후 가격이 오르면 상속세는 크게 절약된다.

만약 상속재산이 적어 내야 할 상속세가 없다면 이미 납부한 증여세를 환급받을 수 없기 때문에 손해를 볼 수도 있는데, 이럴 때에는 부모가 직계비속에게 증여세 면세점인 5000만 원(미성년자인 경우에는 2000만 원) 이하로 증여하면 된다.

이와 같이 사전에 증여하면 장래의 상속세를 크게 절약할 수 있을 뿐만 아니라 소득이 없거나 적은 자녀가 나중에 다른 재산을 취득할 때 증여받은 재산에서 발생된 소득을 취득자금의 소명자료로도 활용할 수 있다.

그러므로 사전계획에 따라 납부하는 증여세는 즐거운 마음으로 납부해도 된다.

▶ 관련 법규 : 상속세 및 증여세법 제13조, 제20조, 제53조

자료: 국세청

여유 있는 조부모·외조부모는 사전증여신탁

'식스 포켓(Six Pocket)'이란 용어가 점차 많이 거론되고 있다. 식스 포켓은 1명의 자녀를 위한 돈이 부모, 친조부모, 외조부모 등 6명의 주머니로부터 나온다는 의미로 1990년대 일본에서 등장한 용어다. 요즘은 결혼을 못한 이모, 삼촌 등까지 포함해 '에잇 포켓(Eight Pocket)', '텐 포켓(Ten Pocket)'이라고도 한다.

저출산·고령화 사회로 접어들면서 한 가구의 자녀가 1명 또는 2명으로 줄어들어 부모가 자녀에게 전폭적인 경제적 지원을 하며 정성과 사랑을 쏟게 된다. 특히 자금력 있는 조부모와 외조부모가 집안의 귀한 손자녀를 챙기기 위한 지출을 아끼지 않는 현상을 의미한다. 조부모 세대가 여전히 건강한데다 재산과 연금 등으로 인해 경제력을 갖추고 있는 경우가 많기 때문이다.

2014년 국세청 국세통계연보를 살펴보면 증여를 통해 미리미리 절세를 준비하는 사람들이 꾸준히 증가하는 추세다. 증여세 신고가 2009년에는 6만 6794명에서 2011년 7만 9030명, 2013년에는 8만 993명으로 늘었다.

증여재산가액도 2009년 7조 7414억 원에서 2011년 10조 4782억 원, 2013년 11조 1905억 원으로 계속 늘어나고 있다. 또한 저출산·고령화 현상에 따라 조부모가 손자·손녀에게 증여하는 세대생략 증여도 꾸준히 증가하고 있어 앞으로도 이런 증가세는 지속될 것으로 보인다.

여유 있는 조부모 · 외조부모가 계시다면 '사전증여신탁'을 고려해보자. 사전증여신탁은 직계존속(조부모, 외조부모, 부모)이 자녀나 손자녀에게 증여를 하고 세무서에 증여 신고를 한 후, 신탁에 가입하면서 운용 대상 자산을 지정하는 특정금전신탁이다.

신탁 형태로 보험사 등에 맡길 경우 개인이 직접 관리할 때 보다 장기 안정적인 자산운용과 세테크를 통한 증여가 가능하다. 소액자금으로도 고객의 투자성향에 맞는 예금, 국공채 및 가치주, 성장주와 같은 주식 등 다양한 금융상품으로 분할 운용 지시가 가능하고 중간에 변경할 수도 있어 수익을 높일 수 있다.

신탁 가입을 위해서는 먼저 자녀에게 증여를 하고 자녀의 주소지 관할 세무서에 증여세 신고를 하면 된다. 이후 보험사와 신탁 계약을 체결하는 순서다. 앞서 설명했듯 증여세 면제 한도인 10년간 미성년 자녀에게 2000만 원, 성년 자녀에게 5000만 원 이내에서 증여하면 증여세가 발생하지 않는다.

거기에다 금융기관에서 증여신고 대행, 컨설팅 등 부가적인 서비스도 제공받을 수 있다. 예를 들어 한화생명보험사가 판매 중인 '아이사랑 사전증여신탁'은 세무전문가를 통한 증여 관련 자문과 자산운용 방법에 대한 컨설팅을 제공한다. 또한 중도해지수수료도 신탁계약일로부터 1년까지만 부과해 유연성을 높인 것도 상품의 장점이다.

신탁 상품이기 때문에 부모가 불의의 사고를 당하더라도 법정대리인 등 다른 이해관계인이 임의로 자녀 당사자의 계약을 해지하는 것이 불가능하다. 즉 미성년 자녀의 재산을 타인으로부터 지켜줄 수도 있어 불안해할 필요도 없다.

사전증여신탁에 가입하기 위해서는 3가지를 염두에 두자. 첫 번째는 장기적으로 준비해야 한다는 점이다. 일반적으로 자산 가치는 장기적으로 상승하기 때문에 준비 없이 갑작스럽게 자산을 이전할 경우 예상보다 많은 세금에 당황하는 경우가 적지 않다.

1세 때 2000만 원, 11세 때 2000만 원, 21세 때 5000만 원, 31세 때 5000만 원을 나눠 증여하면 총 2억 4000만 원을 세금 없이 증여할 수 있다. 투자수익률을 연 5% 정도로 잡으면 자녀가 보유하게 되는 자산은 2억 7093만 원이 된다. 반면 동일한 금액을 일시에 증여하게 되면 증여세가 3076만 원이 발생하게 된다.

두 번째로 투자성향에 맞는 자산운용 포트폴리오를 구성해야 한다. 신탁을 판매하는 회사에서는 대부분 세무전문가를 통한 증여 관련 자문과 자산운용 방법에 대한 컨설팅을 제공한다. 다만 사전 증여의 경우 비교적 장기 투자가 가능하기 때문에 복리효과를 감안한 운용자산 구성을 감안해야 한다.

오마하의 현자, 투자의 귀재로 불리는 '워렌 버핏'은 그의 자서전 〈The Snowball〉에서 "정말 중요한 것은 젖은 눈과 아주 긴 언덕을 찾는 것이다"라고 말했다. 바로 투자의 복리효과(Snowball Effect)를 말한 것이다. 기간이 지날수록 투자금이 눈덩이처럼 불어난다는 의미다.

여기서 '젖은 눈'은 투자를 하기 위한 종자돈(Seed Money)을 말하고 긴 언덕은 장기간의 투자기간과 우량한 투자종목을 말하는 것이다.

초보 아빠엄마를 위한
똑똑한 재테크

사전증여신탁은 소액자금으로도 이러한 눈덩이형 종목을 찾아 장기 투자를 해 수익 극대화를 추구하는 것이 일반적인 목적이어서 자문형 특정금전신탁의 형태가 가장 많이 활용된다.

투자성향에 맞는 예금, 국공채 및 가치주, 성장주와 같은 주식 등 다양한 금융상품으로 분할 운용 지시가 가능하고, 중간에 변경할 수도 있어 수익을 높일 수 있다.

마지막으로 자녀 명의로 가입한 적금이나 펀드 등의 다른 자산도 체크해야 한다. 증여세를 신고 납부하지 않은 자금으로 나중에 자녀가 재산을 취득했다가 자금출처를 명확히 소명하지 못하면 골치 아픈 일이 생길 수 있다.

부모가 불입한 원금에 이익까지 더한 총 금액을 증여한 것으로 판단해 증여세가 부과될 수도 있기 때문에 주의해야 한다. 사전증여신탁은 가입 전 증여세 신고를 하고 가입하기 때문에 자금출처 소명에 대한 염려가 없는 것도 특징이다.

참고로 KB국민은행은 손자녀에게 증여 의사가 있는 고객을 위한 상품인 'KB주니어라이프증여예금'을 판매 중이다. 증여를 받는 자녀의 명의로 1년에서 10년까지 연 단위로 가입이 가능하다.

가입금액은 300만 원 이상이며 추가납입은 불가하다. 이 상품은 원금일시지급식, 원금균등분할지급식 두 가지 형태로 판매되며 이자는 최저 연 1.60%다. 이 상품에 2000만 원 이상 가입 시 증여세 신고대행 수수료를 면제해주는 혜택도 있다.

NH농협은행이 판매하는 '내 생애 아름다운 정기예·적금'은 금융

상품을 통해 장·노년층을 우대하고 3대가 함께 하는 건강한 가족문화를 만드는데 출시 배경이 있다. 가입기간은 최소 1년에서 최장 3년이며 초입금은 정기예금 100만 원 이상, 적금 1만 원 이상이다.

금리우대 내용은 만 45세 이상 가입자에게는 0.1%포인트, 조부모와 손주가 함께 상품에 가입하면 각각 0.2%포인트, 신용카드·체크카드 사용실적에 따라 최고 0.2%포인트의 우대금리를 제공한다.

부가서비스로는 장·노년층의 여유자금 활용을 위해 상속, 세무, 재테크 등 재무상담 서비스를 제공하며 상품 가입 중 재해로 가입고객이 사망 시 최고 600만 원을 장례준비금으로 유가족에게 지급한다. 또 가입 후 6개월 이후 가족의 애경사 발생 시 기본 금리로 긴급자금 인출서비스도 제공하는 것도 특징이다.

정부는 2015년 10월 3차 저출산·고령사회 기본계획을 통해 주요 과제들을 발표했다. 이중 저출산 관련 과제들을 정리했다.

저출산·고령사회 기본계획 주요 과제

▸ 신혼부부 주거 지원 강화
  – 전세임대 소득기준 상향 (도시근로자 월평균가구소득 50%→70%)
  – 전세대출 한도 인상 (수도권 1억~1.2억 원, 비수도권 0.8억~0.9억 원)
  – 어린 신혼부부 가점제 (전세임대+국민임대, 5·10년 임대)

▸ 임신·출산의료비 본인부담금* 해소(행복출산패키지)
  * '15) 20~30% → '17) 5% → '18) 국민행복카드로 실질적 해소

▸ 난임부부 의료·심리 종합상담 지원(중앙-광역 난임전문상담센터)

› 임산부 당뇨 안심 서비스 도입('17)

› 자궁경부암 예방접종 국가 지원 및 초경여성 건강바우처 도입('16)

› 청소년 한부모 양육–학업병행을 위한 통합형 대안학교 설치('16)

▸ 비혼·동거 가구 등 차별금지법 제정

▸ 민간아이돌봄서비스(민간베이비시터)에 대한 질 관리체계 구축

› 출산휴가·육아휴직 통합서식 개발·보급으로 자동육아휴직제 확산('16)

› 육아휴직 개시권 법적 보장('17. 남녀고용평등법 개정)
 * 육아휴직신청시 사업주가 처리하지 않아도 특별한 사유가 없으면 신청한 휴가개시일에 휴가가 개시된 것으로 간주

› 아빠의 달 인센티브 확대 (1개월 →3개월) ('16)

› 육아기 근로시간 단축시 육아휴직과 같이 단축전 근무시간에 따른 근속기간 인정이 가능하도록 개선('16. 남녀고용평등법 개정)

자료: 보건복지부, 국토해양부, 여성가족부, 법무부, 고용노동부 등

준비하는 아빠가
애기 미래 책임진다

아이는 부모를 보고 배운다

아이는 부모를 닮는다. 엄마 아빠가 하는 말이나 행동을 모두 따라하며 성장해간다. 늘 책을 보는 부모 밑에서 자란 아이는 책이 익숙해질 수밖에 없다.

저축도 마찬가지다. 어릴 때부터 습관이 형성되면 성장해서도 자연스럽게 저축을 하게 마련이다.

19세기 미국의 석유왕 록펠러 가문의 경제교육 방법은 많은 이들에게 지침이 되고 있다. 존 데이비슨 록펠러는 '수입-지출=재산'이라는 기본 공식을 세웠다.

지출 습관을 줄이고 체계적으로 용돈을 관리하는 방법을 아이들에게 어릴 때부터 인지시켰다.

록펠러는 매주 아이들에게 용돈을 주고 용돈을 쓸 수 있는 범위를 정해줬다. 용돈의 3분의 1은 쓰고 싶은 곳에, 3분의 1은 저축에, 3분의 1은 기부에 쓰도록 했다.

특히 용돈기입장도 꼭 작성토록 하고 항상 검사해 제대로 돈을 썼는지 확인했다. 심지어 용돈기입장을 쓰지 않으면 잠을 재우지 않으면서까지 철저히 가르쳤다.

그 결과에 따라 아이들이 용돈을 잘 관리하면 상금을 주고 정해준 범위를 지키지 못했을 경우에는 벌금을 내도록 했다. 돈을 적절히 나눠 쓰고, 저축을 하며 사회에 기부하는 것을 어릴 때부터 체득하도록 한 것이다.

훗날 록펠러는 "돈 때문에 아이들의 인생이 망가질까 두렵다. 나는 아이들이 돈의 가치를 알고 쓸데없는 곳에 돈을 낭비하지 않았으면 좋겠다"라고 회상했다고 한다.

물론 우리 현실과는 조금 차이가 있다. 그러나 용돈이라는 예산을 정해 소비와 저축, 기부로 나눠 쓰도록 하는 큰 틀은 배울 점이 많다. 어릴 때부터 직접 돈을 관리함으로써 중요성을 익히도록 해야 한다는 것이다.

또 다른 사례를 보자. 현재 세계 최고의 부자인 미국의 빌 게이츠는 지난 2007년 한 언론과의 인터뷰에서 당시 10대였던 세 자녀에게 매주 1달러씩 용돈을 준다고 했다.

일반적인 미국 어린이들의 용돈은 평균 16달러 수준이었다. 전 세계에서 가장 돈이 많은 아빠임에도 평범한 아이들보다도 더 적은 용돈을 준 셈이다.

빌 게이츠는 "대신 아이들에게 스스로 용돈을 벌 수 있는 길을 열어 놓고 있다. 예컨대 집안일을 도와주면 그에 따라 용돈을 더 주는 것이다"고 말했다.

그는 이유에 대해 "아이들이 헤프게 자라는 것을 원치 않기 때문이다. 물건을 쉽게 가지다 보면 세상을 스스로 살아가야 한다는 것을 잊어버리기 쉽다"고 설명을 했다고 한다.

19세기 최고의 부자와 21세기 최고의 부자가 모두 아이들이 어릴 때부터 엄격하게 돈에 대한 가치를 배우도록 한 것이다.

'물고기를 주지 말고 물고기를 낚는 법을 가르쳐라'. 세계 금융 시장을 이끄는 유대인들의 경제 교육법 중 하나다. 유대인들은 자녀들이 경제관념을 갖출 수 있도록 노력한다.

대표적인 게 저금통이다. 유대인 부모들은 자녀에게 저금통 두 개를 선물하는 전통이 있다. 하나는 아이 자신을 위해, 다른 하나는 내가 아닌 다른 사람을 위해서 저축하라는 의미다.

특히 푼돈의 가치에 대해서 철저히 가르친다. 은행에 가거나 저금통을 이용해 저금을 하도록 하고 돈을 썼을 때는 반드시 기록을 하도록 한다.

용돈을 줄 때도 용돈지출계획서를 받아 사용처를 미리 결정토록 해 합리적인 소비를 유도토록 하는 것이다. 이런 생활습관이 자연스럽게 몸에 배어 아이들도 어려서부터 용돈기입장을 통해 자신의 소비생활을 늘 확인하게 되는 셈이다.

또 유대인들은 일반적으로 13세가 될 때 성인식인 '바르미쯔바'를 치른다. 부모로부터 독립할 준비가 됐다는 의식이다. 부모는 성인이 된 자녀에게 시계를 선물로 주고, 때로는 견문을 넓히라는 의미로 여행을 보내주기도 한다.

성인식에 참석한 축하객들은 성인이 된 자녀에게 축의금을 준다. 아이의 경제적 자립을 위한 종자돈을 선물하는 것이다. 일반적으로 5만 달러 내외, 우리 돈으로 5000만 원이 넘는 목돈을 한 번에 받게 되는 아이는 막중한 책임감과 함께 돈을 운용하는 방법을 배우기 시작하게 된다. 우리 중학생 또래 나이에 이미 웬만한 청년 창업가 수준의 경제생활을 겪게 되는 셈이다.

반면 지금 우리는 어떠할까? 학교를 졸업해 자립할 나이가 되었는데도 취직을 하지 않거나, 취직을 해도 독립적으로 생활하지 않고 부모에게 경제적으로 외존하는 20~30대의 젊은이들을 일컫는 '캥거루족(族)'이 사회 문제화 되고 있다.

부모들은 하나 또는 둘 뿐인 자녀들을 위해 모든 것을 아낌없이 투자한다. 유교의 영향으로 '사농공상(士農工商)'이라며 상인들을 천대하고, 어릴 때는 돈을 알 필요 없다며 오히려 돈의 가치를 평가절하하기도 한다.

지금은 그런 시대가 아니다. 미국 부모들은 5~6세 무렵이면 경제교육을 시작한다고 한다. 미국 청소년들이 이른 시기부터 경제적으로 독립하는 것은 경제교육이 체화돼 있기 때문이다.

자녀가 좋은 경제 습관을 갖기 위해서는 부모의 행동들이 더욱 중요하다. 유대인처럼 목돈을 한 번에 안겨주지는 못하더라도 평소 저축하는 습관, 건전한 소비습관을 모범으로 보여줘야 한다.

세뱃돈 통장을 만들어 주거나 함께 용돈기입장을 작성하는 등의 간단한 행동이 자녀에게 올바른 습관을 갖게 할 수 있다. '물고기를 주지 말고 물고기를 낚는 법을 가르쳐라'라는 유대인의 교육습관, 지금부터 아빠가 시작하자.

부부 절세도 알아두자

아이를 위한 재테크를 준비하다보면 부부 간에도 절세를 위한 요령이 상당히 있다. 어차피 우리 집에서 나가는 돈, 부부 간의 절세 요령으로 나갈 돈을 줄여보자.

세법에서는 '배우자'를 부부 간 재산의 공동 형성자로 보는 경향이 있다. 따라서 세금에서도 그나마 여유를 둔다.

앞서 미성년 자녀에 대한 증여세 면제 요건들을 알아봤었다. 배우자로부터 증여를 받을 때는 10년 기준으로 6억 원까지 세금이 공제된다. 특히 장기적으로 미리 배우자와 재산을 나눠놓으면 추후 한 쪽의 사망으로 상속이 이뤄졌을 때 상속세도 절감할 수 있다. 만약 상속 상황이 생겼다면 '배우자상속공제 제도'를 이용하면 최소 5억 원에서 최대 30억 원까지 공제를 받을 수 있다. 미리 확인해두자.

양도소득세를 줄이는 방법도 있다. 부동산을 취득했을 때 취득가액이 낮아 추후 상승으로 양도소득세가 많이 나올 가능성이 클 경우 배우자에게 증여를 하자. 증여 시점이 취득가액 시점이 되기 때문에 양도소득세를 크게 줄일 수 있다. 증여 후 5년 이내에 처분하면 원래 증여자의 취득가액을 적용하므로 5년은 최소 보유해야 한다. 물론 증여 재산공제 6억 원을 넘으면 세금을 물어야 하기 때문에 그 이하 부동산 처분 시 고려해볼만한 방식이다.

금융소득종합과세, 부동산 임대소득 등도 배우자에게 분산하면 세금을 적게 낼 수 있다. 금융소득종합과세는 현행 2000만 원을 기준으

로 삼는데 금융자산을 배우자에게 분산해 놓으면 과세대상에서 제외
될 수도 있고 그렇지 않더라도 세율이 낮게 적용돼 세금을 줄일 수 있
다. 부동산 임대소득 역시 일부를 배우자에게 증여하면 적용 세율을
끌어 내릴 수 있다.

경제신문은 재테크 정보의 '바다'

우리나라에는 정말 많은 언론 매체들이 있다. 언론계에서는 보통 종합신문, 경제신문, 지방신문, 방송사, 전문지, 인터넷매체 등으로 구분을 한다. 말 그대로 종합지는 정치, 사회, 경제 등을 전체적으로 아우르는 언론이고 경제지는 주로 경제 분야에 초점을 맞춘 신문이다.

우리가 주목할 매체는 바로 경제신문이다. 보통 월요일부터 금요일까지 매일 종이로 나오는 매일경제신문, 한국경제신문, 서울경제신문, 머니투데이, 아시아경제신문(석간), 파이낸셜뉴스, 헤럴드경제신문(석간), 이데일리 등은 웬만한 종합지 이상의 역량과 정보를 제공한다.

특히 경제신문들은 '경제'라는 큰 틀 안에서 산업, 금융, 증권, 부동산, 정보기술(IT), 유통 및 생활, 재테크 등 분야를 아주 세분화해 기사를 쓴다. 종합지가 보통 3~4개 정도의 지면을 경제와 산업계 소식에 할애하는데 비해 경제신문들은 10여 개의 지면에 걸쳐 경제 관련 각종 뉴스를 싣는다.

그만큼 정보의 깊이가 있고 속도도 빠르다. 사실 경제신문은 광고를 받기 위해 대기업 편만 든다는 지적도 받곤 있지만 종합적인 경제 정보를 습득하기에는 그나마 가장 유리한 미디어다.

특히 요즘은 경제지가 난립해 경쟁이 치열해지면서 지면도 특정 층을 대상으로 특화하는 매체가 많다. 육아 정보만을 모아 제공하는 신문도 있고 금융 상품들의 수익률 등 비교 · 분석한 정보를 주기적으로 제공하는 곳도 있다.

물론 지금은 스마트폰을 통해 엄청나게 많은 정보를 골라 얻을 수 있는 시대다. 네이버, 다음 등의 포털 사이트나 재테크 전문 홈페이지들도 넘쳐난다. 그때그때 필요한 것만 찾아서 쉽게 확인할 수도 있다. 하지만 하루를 정리하고 또 연속성 있게 여러 분야에 대한 정보들을 모아 제공하는 신문 하나쯤은 꼭 읽도록 권유하고 싶다.

매체마다 수백여 명의 기자들이 각자 취재하고 얻은 정보를 한정된 지면에 짜임새 있게 정리를 해놓은 게 바로 신문이다. 고급화되고 정제된 정보를 얻는데 하루 수백 원 정도는 투자하자. 특히 금융, 증권, 부동산, 유통(소비재) 등의 분야에 강한 매체는 재테크에도 큰 보탬이 될 것이다.

경제지가 비교적 딱딱하고 읽기가 어려운 것은 사실이다. 전문적인 용어나 흐름을 모르면 이해하기도 쉽지 않다. 1면부터 마지막 지면까지 모두 정독을 할 필요는 없다. 전날 주요 이슈를 모아놓은 1면부터 종합 지면은 쭉 훑어보고 관심 있는 분야의 지면 위주로만 지속적으로 읽으면 점차 이슈를 이해할 수 있게 된다.

시간적인 여유가 된다면 종이 스크랩도 한 방법이다. 언제든 인터넷을 통해 찾아볼 수 있다고는 하지만 종이를 잘라 주제별, 날짜별로 스크랩해두면 그때그때 즉시 확인을 할 수 있다. 덤으로 신문지는 생활하면서 다양하게 활용할 수 있어 어쨌거나 손해는 아닐 것이다.

지역 육아박람회, 한 번은 가보자

임신부 또는 출산 후 아이 부모라면 꼭 챙겨야 할 행사가 있다. 일 반적으로 '베이비페어(Baby Fair)'라고 부르는 육아박람회다. 발 빠른 부부라면 임신과 함께 이미 육아박람회를 다녀온 경험도 있을 것이 다.

베이비페어의 가장 큰 장점은 현장구매다. 보통 참여기업들이 홍보 를 위해 인터넷 쇼핑몰보다도 더 저렴하게 제품을 판매한다. 특히 현 금으로 구입하면 추가 할인이나 사은품 등도 제공해 알뜰 부모에게 사랑받는다.

전국 주요 지역에서 시기별로 육아박람회가 정기적으로 열린다. 국 내에서 가장 유명한 육아박람회는 매년 2회씩 서울 강남 삼성역 인근 코엑스(COEX)에서 개최되는 '베페 베이비페어(BeFe BABYFAIR, 홈페이 지 http://www.befe.co.kr/)'다.

지난 8월에도 열렸었는데 4일 동안 무려 10만 명 이상이 참관했다. 관람객 연령대는 30대가 76.2%로 절대 다수를 차지했고 서울뿐만 아 니라 경기, 인천 등에서도 많은 이들이 찾았다.

이 행사는 '아기와 가족이 행복한 세상 만들기'라는 주제로 국내외 임신, 출산, 육아관련 대표 브랜드와 제품들이 전시된다. 관람객의 니 즈(Needs)를 반영한 신제품 및 서비스들을 지속적으로 선보인다.

이가전람이라는 회사가 경기 고양시 일산 킨텍스(KINTEX)에서 주최 하는 '코베(Korea Baby&Edu fair, 홈페이지 http://cobe.co.kr/)'는 지난 4월

13만 여명이 다녀갔다. 280여 업체가 참여해 자사의 육아 관련 상품과 서비스들을 소개했다.

서울 대치동 학여울역 인근 세텍(SETEC)에서 열리는 '서울베이비페어(홈페이지 http://seoulbabyfair.co.kr/)'도 150여 개 업체가 행사에 나설 정도로 인기다.

지난 2001년부터 부산 해운대 벡스코(BEXCO)에서 개최되는 '부산 드림베이비페어(홈페이지 http://www.dreambabyfair.co.kr/)'는 지방 최대 규모로 200여 개 회사가 참가한다. 부산광역시가 후원을 할 정도며 올 12월 행사 예상관람객은 7만 명으로 예상하고 있다. 이외에도 대전, 광주, 울산, 제주 등 주요 도시마다 대표적인 베이비페어 행사가 개최되고 있다.

육아박람회에서는 임산부용품, 태교ㆍ출산용품, 영유아용품, 영유아식품, 화장품 등 스킨케어, 안전용품, 헬스관련용품, 체중조절식품 등 다양한 제품과 함께 의료서비스, 금융서비스도 현장에서 상담 받고 계약이 이뤄지기도 한다. 또한 태교교실, 유아교육 등 유익한 정보도 제공받을 수 있으며 기관들의 정책 소개 코너도 있는 만큼 꼭 한 번쯤은 들러보기를 추천한다.

초보 아빠 위한
육아 필수품 선택 팁

• 유모차, 충격이나 흔들림에 강한 내구성 높은 제품을

아이들의 발이 되어주는 유모차는 '육아의 자존심'이라고 불린다. 무조건 남들이 많이 쓴다는 고가의 수입 유모차를 고집하기보다 재질, 내구성, 시트 등 다양한 조건을 꼼꼼하게 고려해 선택하는 것이 필요하다. 유모차를 고를 때 가장 중요하게 고려할 점은 충격 민감성이다.

특히 유모차의 주 사용 연령인 신생아는 충격에 매우 민감하기 때문에 외출 시 흔들림을 최소화 할 수 있는 정도의 적당한 무게와 충격 완충장치(서스펜션), 튼튼한 바퀴가 탑재돼 있는 제품을 고르는 것이 좋다. 또한 상대적으로 키가 큰 아빠들의 경우, 유모차 핸들의 높낮이를 사용자에 맞춰 조절할 수 있는 핸들링이 필요하며, 외출이 잦은 봄이나 여름철에 유모차의 사용이 많아지기 때문에 자외선 차단 기능이 있는지 미리 살펴보는 것도 도움이 된다.

• 놀이매트, 아이의 피부 건강에 무해한 소재의 제품을

넘어져도 안전할 뿐만 아니라 층간 소음방지 효과까지 알려지며 유아놀이매트는 아이 키우는 집의 필수품이 된지 오래다. 특히 겨울에는 보일러 없이도 바닥에서 올라오는 찬 기운을 막아주고, 푹신함과 안락함이 주는 심리적 효과가 있어 더욱 찾는 부모가 많다.

이러한 유아놀이매트를 구매할 때 가장 먼저 고려해야 할 것은 바로 소재다. 아이가 물고 빨며 피부에 직접적으로 닿는 제품이다 보니 무독성 소재인지, 친환경 재료를 사용했는지 살펴보는 것이 중요하다. 또 제품마다 제조 공법이 조금씩 다르고 두께나 쿠션감에 따라 층간소음정도가 달라 눈으로 두께를 확인하는 것을 넘어 직접 만져보면서 그 밀도를 확인하는 것이 좋다. 국가통합인증마크(KC마크)를 받은 제품인지, AS는 잘되는지 등 기술력과 안전성을 검증받은 제품인지 살펴보는 것도 잊지 말아야겠다.

• 카시트, 머리와 측면 안정성을 확보한 제품을

지난 2006년 하반기 이후 만 6세 미만 유아의 카시트 착용이 의무화되면서 카시트는 육아용품의 중요한 요소로 자리잡았다. 아이의 생명과 직결되는 만큼 디자인보다는 안정성에 초점을 맞춰 선택하는 것이 필요하다. 안전인증 획득 여부와 구체적인 테스트 항목을 꼼꼼히 따져보는 것은 물론 머리, 측면, 후방 등 다양한 테스트 환경을 통과한 제품인지 확인해야 한다.

또 눕는 자세로 카시트에 탑승해야 하는 경우가 많기 때문에 피부에 자극이 없고 보습이 훌륭한 재질의 카시트를 사용해야 하며 아이의 목이 꺾일 위험이 있기 때문에 연령과 신체 사이즈에 맞는 카시트를 구매해야 한다. 더불어 카시트는 한번 구매 후 최소 3년 이상 장기간 사용하기 때문에 무상 교환 등 사후관리서비스 항목을 잘 확인하는 것도 중요하다.

• 힙시트, 가벼운 무게와 땀흡수가 탁월한 제품을

생후 5개월 이상, 12개월 이하의 아이를 동반하고 외출 한다면 아이와 부모 모두 편안하게 이동할 수 있는 힙시트가 필수다. 주로 야외 활동에 사용되기 때문에 초경량 소재, 안장 여부 등을 고려해 어깨와 허리의 통증을 완화 시킬 수 있는 가벼운 제품을 선택하는 것이 중요하다.

또 통기성, 건조력이 우수한 원단을 사용해 땀이 많고 열 조절이 어려운 아이들에게 위생적인 제품인지 확인해보는 것이 필요하다. 아이가 힙시트에서 잠 드는 경우가 많다면 목이 갑작스레 넘어가지 않도록 안전한 목받침이나 헤드 써포트가 장착된 제품을 구매하는 것도 좋다.

5장

우리 아이 위한
재테크 총정리

재테크 총정리

지금까지 우리 아이의 미래를 위한 재테크 준비를 살펴봤다. 저출산 문제가 갈수록 심각해지면서 각종 지원책이 쏟아져 오히려 복잡한 상황노 많았나.

이제 임신부터 순서대로 총정리를 해보자. 임신이 확인된 순간 산부인과에서 임신확인서를 발급받아 BC카드, 삼성카드, 롯데카드 중에서 하나를 골라 국민행복카드부터 만들자. 50만 원이라는 지원금이 나오니 만들지 않을 이유가 없다. 신용카드는 물론 체크카드 등으로도 발급되기 때문에 본인의 신용이 좋지 않아도 괜찮다.

그다음은 태아보험 가입이다. 태아보험은 가능하면 무조건 가입할 것을 추천한다. 점점 노산이 늘어나면서 태어나면서부터 어려움을 겪는 사례도 함께 증가하고 있다. 무사히 태어났고 건강하다면 보험 특약을 줄이는 방식으로 바꾸면 된다. 일단 태어날 때까지는 무조건 가입을 해두자.

첫 아이거나 여유가 있다면 넉넉하게 생명보험사+손해보험사로 각각 가입해 충분하게 보장받는 게 좋다. 하지만 둘째, 셋째 생각이 있거나 넉넉하지 않다면 일단 손해보험사 상품을 추천한다. 저렴한 비용으로 병원비는 대충 감당할 수 있다.

정부가 온라인으로 보험에 가입할 수 있는 온라인 보험슈퍼마켓을 추진하는 등 가입 방법이 다양해지고는 있지만 웬만하면 가깝고 믿을 수 있는 설계사를 통하는 것도 생각해보자.

보험은 가입 후가 더 중요하기 때문이다. 언제, 어떤 상황에서 보험금을 받을 수 있을지 보험회사는 잘 알려주지 않는다. 가깝고 믿을 수 있는 지인이라면 보험금 수령 대상이 되는지, 어떻게 받을 수 있는지 알려줄 것이다.

이제 아이가 엄마 뱃속에서 건강히 자라 태어나기를 바라며 남편은 공부를 하자. 재테크는 직접 해야 한다. 가장 중요한 것은 역시 저축을 무조건, 일찍부터 해야 한다는 것이다. 결혼 초기부터 저축을 해나가는 것이 당연히 좋다. 가장이 40대에 들어서면서부터는 수입이 늘어남과 동시에 아이들에게 들어가는 돈도 늘어나게 마련이다. 저축 여력이 줄어들 수밖에 없다.

또 여유가 된다면 일부 자금은 과감하게 투자하는 것도 감안해볼 필요는 있다. 현재는 워낙 저금리 시대여서 사실 저축이자만으로 돈이 잘 불어나질 않는다. 변액 상품이나 펀드, 주식 투자도 고려는 해봄직하다.

특히 금융상품들은 수시로 바뀌고 새로운 상품들이 출시된다. 정부의 정책에 따라서 주력 상품이 바뀌기도 하고 트렌드에 따라 쏠림 현상이 일어나기도 한다. 그때그때 적절히 대응을 하기 위해서는 미리부터 공부를 해놓는 것이 필요하다.

새로운 정책이나 새로운 상품들이 나왔을 때 허둥지둥 끌려 다녀선 안 된다. 특히 우리의 재테크는 우리의 아이가 성인이 되고 대학을 졸업할 때까지를 염두에 두고 포트폴리오를 짜야 한다. 20년에서 30년을 내다 본 투자인 만큼 정말 깊이 있게 고민을 해야 한다.

무사히 아이가 태어났다면 이제 본격적으로 시작해보자. 출생신고 뒤 주민등록등본, 가족관계증명서, 기본증명서 등은 미리 발급을 받아두자. 웬만한 것들은 모두 정부민원포털 민원24 (http://www.minwon.go.kr/), 대법원 전자가족관계등록시스템(http://efamily.scourt.go.kr/) 등에서 공짜로 할 수 있다. 만약 주민센터를 간다면 미리 애기 도장도 만들어서 아이의 인감을 등록해 두면 나중에 필요할 때 쓸 수 있다.

그다음 보험사에 연락해 '태아등재'를 하자. 태아보험 가입 땐 성별도 주민등록번호도 없이 가입된 상태였고 이제 우리의 아이가 태어났으니 아이를 등록해두는 절차다. 여자아이라면 그동안 냈던 보험금 일부도 환급해준다.

특약도 한 번 재점검하는 게 좋다. 건강하게 태어났다면 기형아 특약 등은 1년째 될 때 끝나 보험료가 줄어들게 된다. 미리 치아보험이나 기타 특약들도 상황에 따라 추가해놓는 게 유리하다. 미리 중·고등학생 정도까지를 생각해 특약을 조정해 더 확실한 보장을 받도록 하자.

다음은 은행에 가자. 우리은행이나 기업은행에 갈 땐 '생애첫통장 바우처' 1만 원을 꼭 받도록 하자. 다른 은행에선 이 바우처는 받을 수 없다.

은행을 결정했다면 어떤 통장을 만들지도 정하자. 아이 명의의 입출금식 예금 통장은 기본 중의 기본이다. 친지들의 돌잔치 축하금 같은 것들은 모두 이 통장에 차곡차곡 저축하자. 통장 연계 직불카드(체크카드)도 만들어두면 그때그때 입금하기도 편하다.

그 다음은 아이 명의의 주택청약종합저축 통장도 하나 만들어두자. 매월 2만 원이면 1년이면 24만 원, 10년이면 240만 원, 20년 동안 모으면 최소 500만 원은 된다. 물가상승률을 감안하면 큰 목돈은 되지 않겠지만 자식을 위해 20년 동안 모아왔다는 사실은 남는다. 현재의 저금리 상황에선 연 2.5%의 금리도 나쁘지 않아 추천할 수 있는 상품이다. 청약자격은 덤이다.

적금 통장은 여력에 맞춰 1개 보다는 2~3개 정도로 나눠 만드는 것을 추천한다. 만약 한 달에 50만 원이 저축 가능하다면 10만 원, 10만 원, 30만 원 등 통장을 쪼개서 만드는 게 좋다. 혹시 중간에 해지해야만 하는 상황이 생겼을 때 손해를 최소화할 수 있다. 통장에서 자동이체만 해놓으면 되니 그리 불편할 것도 없다.

아이를 위한 것이니 1년짜리 만기도 좋고 3년짜리 만기도 좋다. 다 채워지면 자동으로 전환되는 스윙 서비스 같은 것도 은행에서 제공하니 가입 시 꼭 확인을 해두자.

일단 이 정도면 기본은 준비한 셈이다. 이제 정부의 지원들도 확인을 해두자. 생후 4개월이면 신생아 검진도 받아야 하고 각종 예방접종도 시기에 맞춰 챙겨야 한다. 의료나 복지 서비스들은 임신육아종합포털 홈페이지, 복지로 홈페이지, 사회서비스전자바우처 홈페이지 등에 확인이 가능하며 보건복지부 콜센터(전화 129)에서도 상담을 받을 수 있다.

양육수당도 꼭 신청하자. 만 1세까지 월 20만 원을 받고 점차 나이가 들면서 줄어들어 아이가 취학 전에는 월 10만 원을 받을 수 있다. 역시 주민센터를 방문하거나 복지로 홈페이지에서 신청 가능하며 이 돈은 계좌로 입금 받는다.

어린이집이나 유치원에 보낼 계획이라면 국민행복카드에 아이행복카드 기능을 추가해두자. 카드사 상담을 통해 카드의 기능만 추가하면 별도로 발급받을 필요가 없다. 국민행복카드는 BC카드, 삼성카드, 롯데카드만 가능했지만 아이행복카드는 모든 카드사에서 가입이 가능하므로 혜택이 많은 카드사에 가입하는 것도 요령이다. 아이 기저귀부터 분유, 육아용품 등 엄마들은 다양하고도 많은 물품을 구매하기 마련이어서 카드사들이 신경을 많이 쓰는 상품이기도 하다. 그만큼 혜택도 괜찮다.

엄마가 체력이 좋지 않거나 맞벌이를 해야 한다면 여성가족부에서 주관하는 아이돌봄사업으로 육아 도움도 받자. 어린이집의 종일제 보육 대신 시간제로 아이를 맡아주는 보육서비스도 보건복지부에서 지원하고 있다. 지역별로 육아종합지원센터가 만들어져 있으니 미리 확인해두고 급할 때는 이용하도록 하자.

기본적인 재테크와 육아 준비는 했지만 사실 불투명한 미래를 생각하면 불안하다. 물가가 얼마나 오를지 사교육비는 어떻게 될지 대학 등록금은 또 얼마나 오를지 무섭다. 이제 투자도 좀 생각해보자.

직접적인 투자라면 아주 우량하고도 괜찮은 대기업 주식을 사서 자녀 명의로 조금씩 이전해두는 것도 좋다. 삼성전자 같은 대기업들은 최근 10년 새 수십배 주가가 올랐다.

그런데 주식 직접투자는 쉽지 않아 추천하는 게 바로 펀드다. 주식을 기반으로 했기 때문에 전반적인 주가가 오르면 괜찮은 수익률도 기대할 수 있다. 펀드 가입과 운용에 따른 수수료를 일정 정도 떼어가긴 하지만 적립식으로 투자해가면 10~20년 뒤는 예 · 적금 금리보다는 나은 수익을 거둘 가능성이 크다. 굳이 신경을 크게 쓰지 않아도 된다는 것도 장점이다.

아주 재테크에 여유가 있다면 미리 증여세 부분도 생각해두자. 미성년자에게는 10년 단위로 2000만 원까지 증여재산공제, 즉 증여세가 면제된다. 성인이 될 때까지 4000만 원까지는 세금 없이 재산을 물려줄 수 있다. 조부모 · 외조부모도 여유가 된다면 사전증여신탁 같은 제도를 이용해 세금을 최대한 적게 내고 손자 · 손녀에게 미리 증여를 하는 게 좋다.

또 어린이연금보험 추가 가입도 생각해보자. 이는 보험 혜택을 받음과 동시에 별도의 저축이라고 생각하면 된다. 나중에 만 15세가 되

초보 아빠엄마를 위한
똑똑한 재테크

면 종신보험도 가입이 가능한데 미리 저축해둔 자금이 있다면 부담을 덜 수도 있다.

끝으로 중요한 재테크 비법은 바로 자녀에 대한 경제교육이다. 미국 자녀들은 보통 5~6세부터 경제관념을 배운다고 한다. 화교나 유대인들은 중·고등학생 시절부터 자신이 직접 투자를 시작한다고 한다.

우리는 어떠한가? '일찍부터 돈을 밝히면 안 된다', '어릴 때는 돈이 필요 없다', '돈은 엄마아빠가 관리할게' 하면서 아이에게서 오히려 돈을 떼어놓는다. 유교적 가치관의 영향도 있고, 돈에 신경 쓰지 말고 공부에나 전념하라는 뜻도 담긴 것이다.

그런데 이는 오히려 아이들의 미래를 망치는 지름길이다. 대학생이 되고 사회에 진출해도 제대로 경제관념을 배우지 못해 관리에 실패하는 사례가 허다하나. 일찍부디 지축, 투자에 대한 개념을 알아야 직접 경제, 경영에 관심을 갖고 재테크에도 성공할 수 있다.

아빠가 아이와 함께 경제교실도 가고, 경제신문을 보며 경제용어도 가르치고, 펀드 운용평가서를 보며 실제 투자를 경험해 볼 수 있도록 하자. 성인이 됐을 때 부모가 모아 놓은 종자돈은 아이에게 있어 자신감 있는 미래를 열어줄 수 있을 것이다.

꼭 알아둬야 할
홈페이지 · 연락처 모음

보건복지부 콜센터 129 http://www.129.go.kr/ (종합지원)

아이사랑 포털 http://www.childcare.go.kr/ (육아종합포털)

보건복지부 http://www.mw.go.kr/ (종합지원)

복지로 http://www.bokjiro.go.kr/ (복지지원)

국민건강보험공단 1577-1000 http://www.nhic.or.kr/ (건강보험)

국민연금공단 1335 http://www.nps.or.kr/ (국민연금)

사회서비스전자바우처 1566-0133 http://www.socialservice.or.kr/ (바우처)

아이사랑 카드 1566-0244 (아이행복카드)

예방접종도우미 https://nip.cdc.go.kr/ (예방접종)

질병관리본부 예방접종관리과 043-719-6850~6852 (예방접종)

해외여행질병정보센터 http://travelinfo.cdc.go.kr/ (예방접종)

교육부 http://www.moe.go.kr/ (교육종합)

교육부 유아교육정책과 044-203-6233 (누리과정)

에듀콜센터 1544-0079 (누리과정)

e-유치원 http://www.childschool.moe.go.kr/ (유아학비)

고용노동부 1350 http://www.moel.go.kr/ (출산전후휴가급여, 육아휴직 급여)

국세청홈택스 1544-9944 http://www.hometax.go.kr/ (세금관련)

정부 민원포털 http://www.minwon.go.kr/ (민원종합)

아이돌봄지원서비스 1577-2514 http://idolbom.go.kr/ (아이돌봄)

여성가족부 02-2100-6000 (아이돌봄)

위드맘 http://withmom.mogef.go.kr/ (미혼 · 한부모)

어린이집정보공시 http://info.childcare.go.kr/ (어린이집)

유치원알리미 http://e-childschoolinfo.moe.go.kr/ (유치원)

중앙육아종합지원센터 1577-0756 http://central.childcare.go.kr/ (육아지원)

BC카드 1899-4651 http://www.bccard.com/ (국민행복카드)

삼성카드 1588-8700 http://www.samsungcard.com/ (국민행복카드)

롯데카드 1899-4282 http://www.lottecard.co.kr/ (국민행복카드)

인구보건복지협회 http://www.ppfk.or.kr/ (생애첫통장바우처)

우리은행 1588-5000 https://www.wooribank.com/ (생애첫통장바우처)

기업은행 1566-2566, 1588-2588 http://www.ibkkids.com/ (생애첫통장바우처)

아이행복카드 가입 가능 카드사 콜센터

KB국민카드 1599-7900

우리카드 1599-9977

하나카드 1599-7733

NH농협카드 1644-2336

신한카드 1544-8868

롯데카드 1899-4282

비씨카드 1899-9559

주요 은행 콜센터

신한은행 1588-1773 (주택청약)

KB국민은행 1800-9999 (주택청약)

우리은행 1588-5000 (주택청약)

KEB하나은행 1599-1111 (주택청약)

NH농협은행 1588-2100 (주택청약)

경제교육 홈페이지

한국은행 '경제교육' http://www.bokeducation.or.kr/index.do (경제교육)

금융감독원 '금융생활백서' http://fssblog.com (경제교육)

한국개발연구원 'Click 경제교육' http://eiec.kdi.re.kr/click/click/click_main.jsp

(경제교육)

각 금융권 협회 및 기관

전국은행연합회 http://www.kfb.or.kr/ (은행)

생명보험협회 http://www.klia.or.kr/ (생명보험)

손해보험협회 http://www.knia.or.kr/ (손해보험)

여신금융협회 http://www.crefia.or.kr/ (카드사)

금융투자협회 http://www.kofia.or.kr/ (증권사)

저축은행중앙회 http://www.fsb.or.kr/ (저축은행)

금융감독원 http://www.fss.or.kr/ (금융감독)

펀드슈퍼마켓 http://www.fundsupermarket.co.kr/ (펀드가입)

펀드닥터 http://www.funddoctor.co.kr/ (펀드정보)

기타 참고 홈페이지

북스타트코리아 http://www.bookstart.org/ (북스타트)

육아정책연구소 http://www.kicce.re.kr/ (정책참고)

알아둬야 할 경제용어

• 금융(finance)

금융이란 이자를 받고 자금을 융통해 주는 것을 말한다. 영어로는 'finance'라고 하는데 일정기간을 정해 앞으로 있을 원금의 상환과 이자지급에 대해 상대방을 신용하고 자금을 이전하는 것을 말한다. 돈이 필요한 경우 친척이나 친구처럼 가까운 사람들로부터 빌리는 경우도 있지만 대부분의 경우에는 금융기관을 이용하게 된다. 금융기관은 여윳돈이 있는 사람들로부터 예금을 받아 그것을 필요한 사람에게 빌려주는 중개자 역할을 한다. 금융기관 중 대표적인 것이 은행이다.

• 금융기관(financial institution)

금융시장에서 자금의 수요자와 공급자간에 거래를 성립시켜 주는 기관을 말한다. 한국의 금융기관은 중앙은행인 한국은행을 중심으로 일반은행 및 특수은행 등 통화 금융기관과 투자금융회사, 종합금융회사, 상호저축은행, 신용협동기구, 투자신탁회사, 증권회사, 보험회사, 우체국 등 비통화 금융기관으로 구성돼 있다.

금융기관은 은행과 같이 자신이 조달한 자금(예금)을 자신의 판단으로 투자대상을 결정(대출)하는 경우도 있고, 증권회사와 같이 금융거래에 수반되는 위험을 부담하지 않고 자금의 수요자와 공급자를 단순히 연결해 주기도 한다.

자금의 수요자와 공급자가 직접 거래하는 경우에는 정보의 탐색비용이 높아 거래가 불가능 할 수 있지만 금융기관이 개입하면 거래비용이 줄어들어 작은 규모의 금융거래도 가능하게 되므로 금융거래를 활성화시키는 역할을 담당한다.

이러한 과정에서 금융기관은 다수로부터 모은 자금을 다양한 자산에 분산투자해 투자위험을 낮추고 자금 수요자의 신용도 분석에 관한 전문적인 경험과 거래를 통해 획득한 정보를 활용해 자금의 효율적 공급이 이루어지도록 하는 역할도 수행한다.

• 금융자산(financial assets)과 실물자산(real assets)

금융이란 자금이 부족한 사람과 자금의 여유가 있는 사람 간에 자금을 주고받는 거래를 의미하며 자금을 빌려주는 사람과 빌리는 사람 간에는 채권-채무관계가 성립한다. 이러한 금융거래에서는 보통의 경우 금전과 유가증권(예금증서, 주식, 채권 등)이 교환된다 자금을 빌려주는 사람의 입장에서 볼 때 유가증권은 상대방에게 금전적 보상을 청구할 수 있는 금융상의 권리가 된다. 이러한 금융상의 권리를 금융자산이라고 한다.

특히 만기 1년 미만의 금융자산이 거래되는 시장을 화폐시장(money market)이라 하고 대표적인 금융자산으로는 단기국공채, 양도성 예금증서, 콜자금, 기업어음 등이 있다. 반면에 만기가 1년을 넘는 금융자산이 거래되는 시장을 자본시장(capital market)이라 하며 대표적인 금융자산으로는 주식, 국채, 회사채, 통화안정증권 등이 있다.

한편 실물자산이란 부동산, 금, 골동품, 기념우표처럼 유형의 형체가 있는 자산을 의미한다. 실물자산과 금융자산의 구분이 중요한 이유 중 하나는 이들 자산의 가치가 인플레이션에 반응하는 양상이 다르기 때문이다. 금융자산은 그 가치가 화폐액으로 일정하게 고정된 경우가 대부분이다. 따라서 인플레이션으로 화폐가치가 떨어지면 금융자산의 가치는 하락하게 된다. 반면에 실물자산의 가치는 유동적으로 변할 수 있어서 인플레이션 발생으로 화폐가치가 떨어지면 실물자산의 가치는 하락한 화폐가치만큼 상승하게 된다.

• 금리(interest rate)

우리들이 일상생활을 하다보면 남는 돈을 은행에 예금하거나 다른 사람에게 빌려줄 때도 있지만 돈이 부족해 빌려야 하는 경우도 있다. 돈을 빌린 사람은 일정기간 돈을 빌려 쓴 것에 대한 대가를 지급하는데 이를 이자라 하며, 이자의 원금에 대한 비율을 금리 또는 이자율이라고 한다. 한마디로 금리란 돈의 가격이다.

이자는 은행에 예금하는 경우에도 생긴다. 이것을 반대로 보면 은행이 예금하는 사람의 돈을 빌려 쓴 대가를 예금주에게 지급하는 것이라고 말할 수 있다. 예를 들어 은행에 10만 원을 예금하고 1년 뒤에 11만 원을 받는다고 한다면, 돈을 예금한 대가로 받는 1만 원이 이자다. 이 경우 예금 금리는 이자 1만 원의 원금 10만 원에 대한 비율, 즉 10%이다. 이러한 이자율은 현재의 소비를 희생한 대가로 이해할 수 있다. 즉 10만 원을 예금하지 않으면 누릴 수 있는 영화관람, 외식, 옷

구입 등 현재 소비의 만족을 포기한 대가 또는 보상이라고 할 수 있다.

돈을 빌렸을 때의 예를 보자. 처음 빌린 돈(원금)에 대해 이자를 얼마나 내는지를 나타내는 것이 금리인데, 예를 들어 100만 원을 빌려주고 이자를 10만 원 받는다면 금리는 이자(10만 원)를 원금(100만 원)으로 나누고 100으로 곱해(10만 원÷100만 원×100) 10%가 된다.

금리가 높다는 건 돈을 빌려 쓴 뒤 이자를 많이 내야 한다는 것을 의미한다. 따라서 금리가 올라가면 예전보다 이자를 많이 내야 하므로 사람들이 돈을 더 적게 빌려가게 돼 사람들의 씀씀이도 줄고 기업의 투자도 줄어든다. 반대로 금리가 내려가면 예전보다 이자를 적게 내므로 사람들이 돈을 더 많이 빌려가게 된다. 따라서 사람들의 씀씀이도 전보다 훨씬 커지고 기업의 투자도 늘어나게 된다. 이처럼 금리가 오르거나 내려가면 경제에 여러 가지 영향을 미치게 된다.

금리에는 예금금리와 대출금리가 있다. 예금금리는 은행과 같은 금융기관에 돈을 맡길 때 맡기는 사람이 금융기관으로부터 받는 이자의 비율이고, 대출금리는 금융기관으로부터 돈을 빌릴 때 빌려 쓰는 사람이 금융기관에 내야 하는 이자의 비율이다. 은행은 예금금리보다 대출금리를 높게 매겨 그 차이에서 수익을 올리게 된다.

금리가 어떻게 결정되는가에 대해서는 여러 가지 이론이 있으나 금리는 기본적으로 자금의 수요와 공급에 의해 결정된다고 할 수 있다. 시장에서 상품을 사고자 하는 수요와 팔고자 하는 공급이 변동함에 따라 상품가격이 달라지는 것과 마찬가지로 돈의 가격인 금리도 돈을 빌리려는 수요가 돈을 빌려주려는 공급보다 많으면 올라가게 되고 반대로 공급이 수요보다 많으면 떨어지게 된다.

• 신용(credit)

돈을 빌릴 때는 이자를 얼마나 치르고 언제까지 갚겠다고 약속을 한다. 이런 약속을 잘 지키는 것을 두고 우리는 신용이 있다고 표현한다. 신용은 일반용어로는 타인을 신뢰하는 것을 의미한다. 그런데 금융거래에서 신용은 한마디로 돈을 제때에 갚을 수 있는 능력을 말하는 것으로서 상대방이 상환 또는 지불할 수 있는 능력을 갖는다고 인정함으로써 물건이나 돈을 빌려 주거나 갚는 것을 연기해 주는 일을 말한다.

은행에선 돈을 빌려주기에 앞서 대출을 신청한 사람이나 기업의 신용을 조사한다. 신용이 좋은 사람은 쉽게 돈을 빌릴 수 있지만 과거에 제때 돈을 갚지 않았다거나 현재 많은 돈을 빌려 쓰고 있어 돈을 갚을 능력이 의심스러운 사람은 돈을 빌리기가 힘들다.

또한 은행은 또 신용이 나쁜 사람에게 돈을 빌려줄 때에는 신용이 좋은 사람보다 높은 이자를 매긴다. 신용이 떨어지면 필요할 때 돈을 빌리지 못하거나 돈을 빌리더라도 남보다 높은 이자를 물어야 한다.

이와 같이 은행은 고객의 신용상태를 점수로 산출해 대출여부와 대출금액을 결정하는 신용평점제도를 운영하고 있어서 고객이 대출을 신청하는 경우 개인의 인적상황과 직장·소득현황·금융기관의 거래실적 등 신용과 관련된 모든 사항을 각각 가중치를 달리해 평점을 내고 이에 따라 대출가능여부와 대출금액을 결정하고 있다.

• 예금(deposit)과 대출(loan)

예금이란 일반대중 또는 기업, 공공기관 등 불특정 다수로부터 은행이 보관, 예탁을 받아 운용할 수 있는 자금으로서 은행의 자금조달에 있어 가장 중요한 위치를 차지하고 있다.

예금은 계약의 내용에 따라 지급편의 또는 일시보관을 목적으로 하는 요구불예금과 저축 또는 이자수입을 주목적으로 하는 저축성예금으로 분류된다. 요구불예금은 예금주의 요구가 있으면 언제라도 지급에 응해야 하는 것으로 보통예금 · 당좌예금 · 어린이예금 · 가계종합예금 등이 있으며, 저축성예금은 일정기간이 경과한 후에 지급되는 것으로 정기예금 · 저축예금 · 정기적금 · 목돈마련저축 등이 있다.

대출은 금융기관이 자금을 필요로 하는 수요자에 자금을 공급해 주는 것을 말한다.

일반은행은 단기 운전자금과 장기 시설자금으로 구분되는 기업자금 대출, 가계자금 대출, 공공 및 기타자금 대출 등의 대출업무를 취급한다. 일반은행의 대출은 취급방식에 따라 어음할인, 어음대출, 증서대출 및 당좌대출 등으로 구분할 수 있다.

• 조세(tax)

국가나 지방 자치단체가 국방, 행정, 치안유지 등 정부활동을 위해 필요한 재원을 확보하기 위하여 일반 국민으로부터 대가 없이 강제적으로 거둬들이는 수입을 의미한다.

조세는 부과 주체가 국가나 지방 자치단체라는 점에서 회비나 조합비 등과 다르며, 재원조달을 목적으로 하는 점에서 벌금이나 과태료 등과 다르다. 조세는 과거에는 현물이나 노동의 형태로 납부되기도 하였으나 오늘날에는 금전의 형태로 납부한다.

조세는 일반국민으로부터 정부로 자금이 강제로 이전되는 것으로 조세의 구조와 크기는 자원배분, 소득분배 그리고 경제활동 등 에 큰 영향을 미친다.

조세를 부과하는 대상이 되는 재산 또는 소득을 세원이라 하며, 직접세와 간접세로 분류할 수 있다. 직접세는 개인의 소득이나 재산 그리고 상속 등의 경우에 부과되는 세금이고, 간접세는 물품의 교환이나 매매시에 부과되는 세금이다.

또한 조세부담이 납세자의 소득에 비례해 변화하는 조세를 비례세(proportional tax)라 하며, 소득이 커짐에 따라 소득증가율 이상으로 세율이 증가하는 조세를 누진세(progressive tax), 반대로 작아지는 조세를 역진세(regressive tax)라 한다.

• 주식(stock)

기업에도 주인이 있다. 기업의 '주인'을 '주주'라고 하는데 주주는 기업에 돈을 투자한 투자자를 말한다. 오늘날 기업은 규모가 매우 커서 한 사람이 가진 돈만으로 기업을 설립하거나 각종 투자에 필요한 자금을 동원하기가 힘들다. 그래서 많은 사람들이 조금씩 돈을 모아이 필요자금에 충당하게 되는데 기업은 이런 자금공급자들에게 '당신은 우리 회사의 주인입니다'라는 표시로 주식이라는 증서를 발행해 주며 이렇게 만들어진 기업을 주식회사라고 부른다.

즉 주식이란 주식회사가 자본금을 마련하기 위해서 발행하는 증서로 이 증서의 소지자는 회사에 대해 증서의 표면에 기재된 금액만큼 권리와 의무를 가지게 된다.

예를 들어 회사를 운영하는 데 100만 원이 필요한 경우를 생각해 보자. 이 회사의 경영자는 은행과 같은 금융기관에서 돈을 빌릴 수도 있지만 회사의 주식을 발행해서 100만 원을 마련할 수도 있다. 100명으로부터 1만 원씩 투자를 받고 그 증거로 회사의 소유권을 나타내는 주식을 1장씩 나눠줬다면 그 100명이 모두 회사의 주인이고 각각 100분의 1씩 회사를 소유한 것이 된다.

은행에 예금을 하면 이자를 받지만 주식을 가지고 있으면 회사의 주인으로서 그 회사가 벌어들인 이익을 나눠 받게 된다. 회사가 이익을 많이 내면 주식을 갖고 있는 주주가 받는 배당금도 커지지만 회사가 이익을 내지 못하면 배당금을 한 푼도 받지 못하며 회사가 망한다면 투자한 돈을 모두 날릴 수도 있다.

주식은 주식이 거래되는 시장, 즉 주식시장에서 사고 팔 수 있다. 주식의 가격은 주식시장에서 수요와 공급에 의해 결정된다. 주식의 가격을 주가라고 하는데 주식에 투자하는 사람은 어떤 회사가 경영을 잘할 것인지를 잘 따져서 사야 주가상승으로 인해 이익을 남길 수 있다.

• 채권(bond)

기업이나 정부가 투자자에게서 돈을 빌리면서 금액, 금리, 만기 등을 표시해 발행한 증서를 채권이라고 한다. 1만 원짜리 채권에는 기업이 1만 원을 언제까지 갚는다는 것, 얼마만큼의 이자를 언제 어떻게 지급한다는 것 등이 적혀 있다.

즉, 채권은 정부, 공공단체와 주식회사 등이 일반인으로부터 비교적 거액의 자금을 일시에 조달하기 위해 발행하는 차용증서(借用證書)이며 유가증권이다.

주식을 갖고 있는 사람은 그 기업의 일부를 소유한 투자자로서 기업의 영업성과에 따라 배당을 받게 되지만, 채권을 갖고 있는 사람은 그 기업에 돈을 빌려준 채권자이기 때문에 기업의 영업성과에 관계없이 일정한 이자를 받는다는 점이 다르다.

채권도 주식과 마찬가지로 시장에서 자유롭게 사고 팔 수 있으며 채권 가격은 채권시장에서 채권의 수요와 공급에 의해 결정된다. 그리고 채권에는 여러 종류가 있는데 기업이 발행한 것을 회사채, 국가가 발행한 것을 국채, 지방자치단체가 발행한 것은 지방채라고 한다.

• 환율(exchange rate)

오늘날 지구상의 모든 나라들은 서로 물건을 사고파는 등 수많은 거래를 하고 있으며 그 규모도 해마다 증가하고 있다. 이러한 국가 간의 거래과정에서 거래대금을 결제하기 위해 자기나라 돈과 외국 돈을 바꾸거나 외국 돈과 외국 돈을 바꾸는 등 서로 다른 두 나라 돈을 교환하게 된다.

　예를 들어 우리나라 사람이 미국산 자동차를 수입하거나 미국으로 여행하려 할 경우 미국 달러화가 필요하므로 원화를 주고 달러화로 교환하게 된다. 또 미국으로 여행을 한 사람이 쓰고 남은 달러화를 일본에서 쓰려고 할 경우에는 달러화를 엔화로 교환하게 된다. 이와 같이 외국과의 거래나 해외여행 등을 위해 서로 다른 두 나라 돈을 교환할 때에는 항상 교환비율이 있게 마련인데 이 교환비율을 '환율'이라고 한다. 원화와 미국 달러화와의 환율이 950원/달러이라면 이는 달러화와 원화의 교환비율이 1:950 이라는 것으로 1달러와 950원이 서로 교환된다는 것을 의미한다.

에필로그

지난 2013년 11월 말경 딸아이가 태어났다. 늦은 결혼 탓에 괜한 생각을 많이 했다. 아내의 건강도 걱정이었고 갑자기 한 아이의 아빠가 된다는 현실은 지금껏 느껴보지 못했던 책임감을 느끼게 했다.

안절부절 못하면서 많은 사람들을 만났다. 주위 여러 분들의 조언으로 태아보험에 가입도 했고 당시 고운맘카드(현재의 국민행복카드)도 만들었다. 아이가 태어나자 다시 보험사를 통해 특약을 점검했고 은행을 찾아 통장들을 개설했다.

이 과정에서 너무나 많은 시행착오를 겪었다. 서류 부족으로 주민센터를 재차 찾기도 했고 주민등록번호가 나오지 않는 건강보험증으로 은행을 갔다가 헛걸음을 하기도 했다. 한창 직장에서도 바빴던 시기이기에 시간을 내기도 쉽지 않았다.

인터넷에서 검색하면 각종 블로그나 게시판에 엄청나게 많은 정보

초보 아빠엄마를 위한
똑똑한 재테크

들이 쏟아져 나왔다. 그런데 상당 내용들이 금융회사들의 상품 소개나 아주 간단한 수준의 팁 정도가 대부분이었다.

당장 통장 하나를 개설하는데 어떤 서류가 필요한지, 어디를 찾아가야 하는지, 어디에 물어보면 될지 파악하기가 어려웠다. 정작 필요한 정보는 숱한 검색 끝에 찾아지거나 관련 기관의 전화 상담을 통해야만 알 수 있었다.

갓난쟁이 아이의 육아도 쉽지 않았지만 아이의 미래를 위한 준비과정들도 너무나 복잡했다. 비슷한 시기 아이를 가진 또래 친구나 선후배들과도 많은 대화를 나눴었다. 대부분이 기초적인 제도들을 모르고 있을뿐더러 직장생활 탓에 준비할 시간도 부족하다고 토로했다.

다들 머릿속으로 고민만 하고 있다는 것을 실감했다. 이 책은 그런 독자들을 위해 육아와 관련된 재테크 정보들을 총정리 해보자는 차원에서 시작했다.

육아에 관련된 책은 너무나 많다. 재테크에 관련한 책도 차고 넘친다. 그러나 아이를 위한 재테크를 다룬 책은 없었다. 임신이 확인되는 순간부터 내 아이가 독립적인 성인이 될 때까지 해줄 수 있는 체계적인 재테크 방법을 정리해보고자 했다.

'초보 아빠엄마를 위한 똑똑한 재테크'는 나를 위한 책이기도 하다. 결혼을 하고 내 아이를 갖는 경험은 나뿐만 아니라 아내도 처음이다.

아내는 늘 육아와 씨름을 한다. 모유 수유가 잘 되지 않아 며칠을 울며 힘들어 하고 아이 이유식 때문에 생전 해보지도 않았던 요리를 배운다.

아이가 잠든 밤엔 집안 살림에다 필요한 육아용품을 싸게 구매하겠다며 인터넷으로 몇 개의 쇼핑몰을 검색해 최저가 상품을 찾아내느라 늘 수면부족 상태다. 밖에서 돈을 벌어온다는 이유로 육아에서 한 발 떨어져 있었지만 지켜보는 마음은 늘 미안하기만 했다.

그래서 나섰다. 육아에 많은 도움을 주지 못한다면 밖에서 내가 할 수 있는 일을 찾고자 했다. 그게 아이의 미래를 위한 재테크 준비였다. 은행, 카드사, 보험사, 증권사, 자산운용사 등을 취재하면서 배운 경험들을 살릴 수 있는 찬스이기도 했다.

이 책이 나올 무렵이면 딸아이가 만으로 두 살이 된다. 그 한 달 뒤면 한국 나이로 네 살이다. 대학에 가려면 대략 16년, 졸업은 20년, 평균적인 결혼을 한다면 못해도 25년은 내가 도와줘야 한다.

힘겨운 사회생활을 하느라 아이와 많은 시간을 함께 하지는 못하지만 최소한 해줄 수 있는 것은 해주고 싶다는 욕심이 이 책을 정리하게 해줬다.

수 개월에 걸친 자료 수집과 집필 과정을 응원해준 아내에게 정말 감사한다. 보험에 대해 많은 조언을 해준 한화생명 김명환님, 은행 상품에 대해 설명해 준 국민은행의 유분재님, 주식과 펀드에 대해 분석해준 한국투자신탁운용의 정순녕님께 깊은 감사를 드린다.

그리고 이 세상에서 가장 소중한 내 딸아이. 앞으로 아빠는 너를 위해 많은 것을 준비하도록 노력할게. 사랑한다 내 딸아.